"浙学大家"丛书

浙江省习近平新时代中国特色社会主义思想研究中心课题成果

六经皆史

章学诚

吴 光 主编

钱茂伟 蒋必成 著

浙江人民出版社

图书在版编目（CIP）数据

六经皆史 ：章学诚 / 钱茂伟，蒋必成著 ；吴光主编 . -- 杭州 ：浙江人民出版社，2025. 6. -- ISBN 978-7-213-11957-6

Ⅰ. B249. 7

中国国家版本馆CIP数据核字第2025AX5468号

六经皆史：章学诚

钱茂伟　蒋必成　著　吴　光　主编

出版发行：浙江人民出版社(杭州市环城北路177号　邮编　310006)

市场部电话：(0571)85061682　85176516

责任编辑：林欣妍　　　　　　　　责任校对：姚建国

责任印务：程　琳　　　　　　　　封面设计：厉　琳

电脑制版：杭州天一图文制作有限公司

印　　刷：杭州钱江彩色印务有限公司

开　　本：880毫米×1230毫米　1/32　印　　张：7.875

字　　数：155.3千字　　　　　　　插　　页：2

版　　次：2025年6月第1版　　　　印　　次：2025年6月第1次印刷

书　　号：ISBN 978-7-213-11957-6

定　　价：65.00元

"浙江文化研究工程成果文库"总序

　　有人将文化比作一条来自老祖宗而又流向未来的河，这是说文化的传统，通过纵向传承和横向传递，生生不息地影响和引领着人们的生存与发展；有人说文化是人类的思想、智慧、信仰、情感和生活的载体、方式和方法，这是将文化作为人们代代相传的生活方式的整体。我们说，文化为群体生活提供规范、方式与环境，文化通过传承为社会进步发挥基础作用，文化会促进或制约经济乃至整个社会的发展。文化的力量，已经深深熔铸在民族的生命力、创造力和凝聚力之中。

　　在人类文化演化的进程中，各种文化都在其内部生成众多的元素、层次与类型，由此决定了文化的多样性与复杂性。

　　中国文化的博大精深，来源于其内部生成的多姿多彩；中国文化的历久弥新，取决于其变迁过程中各种元素、层次、类型在内容和结构上通过碰撞、解构、融合而产生的革故鼎新的强大动力。

中国土地广袤、疆域辽阔，不同区域间因自然环境、经济环境、社会环境等诸多方面的差异，建构了不同的区域文化。区域文化如同百川归海，共同汇聚成中国文化的大传统，这种大传统如同春风化雨，渗透于各种区域文化之中。在这个过程中，区域文化如同清溪山泉潺潺不息，在中国文化的共同价值取向下，以自己的独特个性支撑着、引领着本地经济社会的发展。

从区域文化入手，对一地文化的历史与现状展开全面、系统、扎实、有序的研究，一方面可以借此梳理和弘扬当地的历史传统和文化资源，繁荣和丰富当代的先进文化建设活动，规划和指导未来的文化发展蓝图，增强文化软实力，为全面建设小康社会、加快推进社会主义现代化提供思想保证、精神动力、智力支持和舆论力量；另一方面，这也是深入了解中国文化、研究中国文化、发展中国文化、创新中国文化的重要途径之一。如今，区域文化研究日益受到各地重视，成为我国文化研究走向深入的一个重要标志。我们今天实施浙江文化研究工程，其目的和意义也在于此。

千百年来，浙江人民积淀和传承了一个底蕴深厚的文化传统。这种文化传统的独特性，正在于它令人惊叹的富于创造力的智慧和力量。

浙江文化中富于创造力的基因，早早地出现在其历史的源头。在浙江新石器时代最为著名的跨湖桥、河姆渡、马家浜和良渚的考古文化中，浙江先民们都以不同凡响的作为，在中华民族的文明之源留下了创造和进步的印记。

浙江人民在与时俱进的历史轨迹上一路走来，秉承富于创造力的文化传统，这深深地融汇在一代代浙江人民的血液中，体现在浙江人民的行为上，也在浙江历史上众多杰出人物身上得到充分展示。从大禹的因势利导、敬业治水，到勾践的卧薪尝胆、励精图治；从钱氏的保境安民、纳土归宋，到胡则的为官一任、造福一方；从岳飞、于谦的精忠报国、清白一生，到方孝孺、张苍水的刚正不阿、以身殉国；从沈括的博学多识、精研深究，到竺可桢的科学救国、求是一生；无论是陈亮、叶适的经世致用，还是黄宗羲的工商皆本；无论是王充、王阳明的批判、自觉，还是龚自珍、蔡元培的开明、开放，等等，都展示了浙江深厚的文化底蕴，凝聚了浙江人民求真务实的创造精神。

代代相传的文化创造的作为和精神，从观念、态度、行为方式和价值取向上，孕育、形成和发展了渊源有自的浙江地域文化传统和与时俱进的浙江文化精神，她滋育着浙江的生命力、催生着浙江的凝聚力、激发着浙江的创造力、培植着浙江的竞争力，激励着浙江人民永不自满、永不停息，在各个不同的历史时期不断地超越自我、创业奋进。

悠久深厚、意韵丰富的浙江文化传统，是历史赐予我们的宝贵财富，也是我们开拓未来的丰富资源和不竭动力。党的十六大以来推进浙江新发展的实践，使我们越来越深刻地认识到，与国家实施改革开放大政方针相伴随的浙江经济社会持续快速健康发展的深层原因，就在于浙江深厚的文化底蕴和文化传统与当今时代精神的有机结合，就在于发展先进生产力与发展先进文化的有机结合。今后一个时期浙江能否在全面建设小康社会、加快社会主义现代化建设进程中继续走在前列，很大程度上取决于我们对文化力量的深刻认识、对发展先进文化的高度自觉和对加快建设文化大省的工作力度。我们应该看到，文化的力量最终可以转化为物质的力量，文化的软实力最终可以转化为经济的硬实力。文化要素是综合竞争力的核心要素，文化资源是经济社会发展的重要资源，文化素质是领导者和劳动者的首要素质。因此，研究浙江文化的历史与现状，增强文化软实力，为浙江的现代化建设服务，是浙江人民的共同事业，也是浙江各级党委、政府的重要使命和责任。

2005年7月召开的中共浙江省委十一届八次全会，作出《关于加快建设文化大省的决定》，提出要从增强先进文化凝聚力、解放和发展生产力、增强社会公共服务能力入手，大力实施文明素质工程、文化精品工程、文化研究工程、文化保护工程、文化产业促进工程、文化阵地工程、文化传播工程、文化人才工程等"八项工程"，实施科教兴国和人才强国战略，加快建设教育、科技、卫生、体育等"四个强省"。作为文化建设"八项工程"之一的文化研究工程，其任务就是系统研究浙江文化的历史成就和当代发展，深入挖掘浙江文化底蕴、研究浙江现象、总结浙江经验、指导浙江未来的发展。

浙江文化研究工程将重点研究"今、古、人、文"四个方面，即围绕浙江当代发展问题研究、浙江历史文化专题研究、浙江名人研究、浙江历史文献整理四大板块，开展系统研究，出版系列丛书。在研究内容上，深入挖掘浙江文化底蕴，系统梳理和分析浙江历史文化的内部结构、变化规律和地域特色，坚持和发展浙江精神；研究浙江文化与其他地域文化的异同，厘清浙江文化在中国文化中的地位和相互影响的关系；围绕浙江生动的当代实践，深入解读浙江现象，总结浙江经验，指导浙江发展。在研究力量上，通过课题组织、出版资助、重点研究基地建设、加强省内外大院名校合作、整合各地各部门力量等途径，形成上下联动、学界互动的整体合力。在成果运用上，注重研究成果的学术价值和应用价值，充分发挥其认识世界、传承文明、创新理论、咨政育人、服务社会的重要作用。

我们希望通过实施浙江文化研究工程，努力用浙江历史教育浙江人民、用浙江文化熏陶浙江人民、用浙江精神鼓舞浙江人民、用浙江经验引领浙江人民，进一步激发浙江人民的无穷智慧和伟大创造能力，推动浙江实现又快又好发展。

今天，我们踏着来自历史的河流，受着一方百姓的期许，理应负起使命，至诚奉献，让我们的文化绵延不绝，让我们的创造生生不息。

2006 年 5 月 30 日于杭州

"浙学大家"丛书总论

吴 光

一、引言

浙学概念的正式提出虽然始于南宋，但作为一种富有地域特色的学术文化形态则可以追溯到更远，大致萌芽于古越国而成形于秦汉时期的会稽郡时期。习近平同志在浙江工作期间，就很重视对浙学与浙江文化的研究，他曾多次到南孔圣地衢州调研考察，在 2005 年 9 月 6 日第五次到衢州调研时，曾指示："衢州历史悠久，是南孔圣地，孔子文化值得很好挖掘、大力弘扬，这一'子'要重重地落下去。"2004 年 10 月 27 日，习近平同志在致陈亮国际学术研讨会组委会的贺信中说："陈亮是我国著名的爱国主义者，杰出的思想家、文学家。他创立的永康学派，强调务实经世，为'浙江精神'提供了重要的历史文化内涵。研究陈亮学说，就是要探寻浙江优秀文化传统，在研究浙江现象、总结浙江经验、提炼'浙江精神'方面取得创造性成果，为我省经济发展、社会进步、文化繁荣，提供重要的精神动力。"2006年3月28日，习近平同志在致黄宗羲民本思想国际学术研讨会组委会的贺信中说："黄宗羲是我国明清之际杰出的思想家、史学家、文学家和教育家，是浙江历史上的文化伟人。他所具有的民主启蒙性质的民本思想，在中国思想文化史上产生了很大影响。"这些重要的贺信、讲话与指示，对于我们今天深入发掘浙学基本精神、开展"浙学大家"系列研究是有指导性意义的。

2023年春，浙江省文史研究馆领导委托我主持编写《浙学与治国理政》一书，主要作者是我与张宏敏研究员。该书出版后，在政界、学界和企业界颇受关注。省委宣传部领导赞同浙学的理念，并积极支持省文史馆组织写作团队策划名为"浙学大家"丛书的项目。于是，文史馆领导召集了多次有馆员与工作人员参加的会议，并组成了汇合馆内外专家参与的项目团队。大家推举我任丛书主编，并遴选了王充、吕祖谦、陈亮、叶适、王阳明、刘宗周、黄宗羲、章学诚、章太炎、马一浮等十大浙学名家作为"浙学大家"丛书第一辑立传对象，各卷作者则分别选定由白效咏、徐儒宗、董平（兼陈亮、王阳明二卷）、何俊、张宏敏、吴光、钱茂伟、宫云维、邓新文等九位专家担任。之所以选这十大浙学名家，是因为王充是浙学史上第一个有系统哲学思想和政治思想的思想家，可视为"浙学开山祖"。吕祖谦、陈亮、叶适分别是南宋浙学鼎盛时期的主要代表，王阳明、刘宗周是明代浙学的领袖，黄宗羲、章学诚则是清代浙东经史学派的创立者和理论代表，章太炎可谓集大成的浙学宗师，马一浮则是富有中华文化自信的杰出代表，被誉为"现代新儒家三圣之一"。总之，这些思想家既是浙学的代表，又各具独立的思想体系。这个项目经文史馆申报后很快获得浙江文化研究工程领导小组评审通过，被列为省重大社科研究项目。后续还将进一步推进"浙学大家"丛书编写工作。

二、"浙学"的文化渊源与思想内涵

既然叫"浙学大家"丛书，不能不就浙学的内涵、外延及其发展脉络、基本精神、当代价值等问题作出较为系统的论述。先从浙学的文化渊源谈起。

浙学之名，虽然始于南宋朱熹，但浙学之实源远流长，甚至可以追溯到史前浙江距今约7000年的"河姆渡文化"与距今约5000年的"良渚文化"等文物遗存。

首先需要强调的是，浙学并不是孤立的存在，而是华夏文化，也即大中华文化中一个具有鲜明地域特色的重要分支。作为地域文化的重要分支，她从古越国时代就已发端，在汉唐时期已具雏形，而在北宋时期形成学派，在南宋时期走向鼎盛，历经元明清以至近现代，绵延不断。总之，浙学在宋元明清时代蓬勃发展，逐渐从文化的边缘走向中心，在中华文化发展史上起到了重要作用。在习近平新时代中国特色社会主义思想的指引下，随着浙江经济社会的长足发展和学术文化的日益繁荣，人们对隐藏在蓬勃发展背后的文化动力日益关注并进行了深层次的探讨。

从地域文化的历史看，浙江在古代属于吴越文化地区。吴、越地区包括现在的苏南、上海和浙江全境，自古以来就有着密不可分的文化联系。据历史文献记载，"吴""越"的称谓始于殷周之际。据《史记·吴太伯世家》《吴越春秋》《越绝书》等书记载，3100多年前，周太王古公亶父的长子泰伯、次子仲雍，为了避让王位而东奔"荆蛮"，"自号勾吴"，"荆蛮义之，从而归之者千有余家，共立以为勾吴"①。后来，周武王伐纣胜利后，"追封太伯于吴"。到吴王阖闾时，国势强盛。其子夫差，一度称霸诸侯，国土及于今之江、浙、鲁、皖数省，后被越王勾践所灭，其地为越吞并。至于"越"之缘起，据史书所载，因夏禹死后葬于会稽②，夏后帝少康封其庶子于此，传二十余世而至允常、勾践父子，自立为越王，号"於越"（"於"读作"乌"）。其时吴越争霸，先是吴胜越败，后来越强灭吴，勾践称霸，再传六世而为楚所灭。

然而，作为诸侯国的吴、越虽然灭亡，但其所开辟的疆土名称及其文化习俗却一直传承发展至今。从地理而言，吴越分

---

① 《吴太伯传》，见赵晔撰、薛耀天译注：《吴越春秋译注》，天津古籍出版社1992年版，第4页。勾（句）吴，在今江苏无锡境内。

② 相传夏朝始祖大禹卒后葬于会稽山麓。今浙江绍兴东南郊的会稽山麓有"大禹陵"建筑群，由禹陵、禹祠、禹庙三大建筑组成。大禹陵始建于明嘉靖年间，清康熙年间重修，20世纪90年代又经绍兴市政府整修，现为全国重点文物保护单位。自1995年以来，当地政府每年都要举行公祭大会祭奠大禹。

属两地却有许多重叠，如"吴会"，或指会稽一郡，又指吴与会稽二郡；如"三吴"，既含吴地，又含越地，跨越今之江、浙、沪二省一市；如"吴山"，却不在吴都（今属苏州）而在越地（今属杭州）。正如《越绝书·纪策考》所记伍子胥言"吴越为邻，同俗并土"，以及同书《范伯》篇所记范蠡言"吴越二邦，同气共俗"。这说明吴、越地区的文化联系历来非常密切，其习俗也相当接近。这也是人们经常合称"吴越文化"的历史原因。

但严格地说，"吴越文化"是有吴文化与越文化的各自特色的。"吴文化"主要指苏南、上海地区的文化传承，"越文化"则主要是指今浙江地区的文化传承。考古发掘的材料已经确证：距今 1 万年左右的上山文化遗址[①]，距今 8000 年以上的跨湖桥文化（在今浙江杭州市萧山区境内）、距今 7000 年的河姆渡文化（在今浙江余姚市境内），以及稍后兴起的、距今 4000—5000 年的良渚文化（在今浙江余杭境内），以其在当时堪称先进的制陶、制玉工艺和打制、磨制、编制的石器、骨器、木器、竹器等生产工具、生活用具以及干栏式建筑，向全世界宣告了长江三角洲地区特别是浙江地区史前文明历史的悠久与发达。而在上古文明史上，浙江以其古越国、汉会稽郡、五代吴越国的辉煌历史著称于世。这一切，为浙江人文精神传统的形成及代表这个传统的"浙学"的形成提供了丰富厚重的历史依据。然而，

[①]上山文化遗址最早发现于浙江金华市浦江县上山村，属于新石器时代文化类型，距今 8500—11000 年。

从学术发展的脉络而言，作为一种具有地域文化特色的"浙学"的思想源头，可以追溯到东汉会稽郡上虞县的杰出思想家王充那里。我研究王充思想历有年所，于1983年6月发表的文章中概括了王充思想的根本特点是"实事疾妄"[①]，又于1993年10月在"全国首届陈亮学术研讨会"上明确提出"王充为浙学开山祖"[②]的观点。2004年，我在《简论浙学的内涵及其基本精神》一文中首次提出浙学内涵的狭义、中义、广义之别，拙文指出：

> 关于"浙学"的内涵，应该作狭义、中义与广义的区分。狭义的"浙学"（或称"小浙学"）概念是指发端于北宋、形成于南宋永嘉、永康地区以陈傅良、叶适、陈亮为代表的浙东事功之学；中义的"浙学"概念是指渊源于东汉、酝酿形成于两宋、转型于明代、发扬光大于清代的浙东经史之学，包括东汉会稽王充的"实事疾妄"之学、南宋金华之学、永嘉之学、永康之学、四明之学以及明代王阳明心学、刘宗周慎独之学和清代以黄宗羲、万斯同、全祖望为代表的浙东经史之学；广义的"浙学"概念即"大

---

① 吴光：《王充学说的根本特点——"实事疾妄"》，载《学术月刊》1983年第6期。
② 萧文在《全国首届陈亮学术讨论会综述》中指出，"对陈亮思想的渊源，前人无甚论说。吴光认为，首先是荀子，在先秦儒家中，他的富国强兵，关注现实的态度得到了陈亮充分的回应。其次是王充，作为浙学的开山祖，应该是陈亮思想的一个源头"。参见永康市陈亮研究会编：《陈亮研究论文集》，杭州大学出版社1994年版，第212页。

浙学"概念，指的是渊源于古越、兴盛于宋元明清而绵延于当代的浙江学术思想传统与人文精神传统。这个"大浙学"，是狭义"浙学"与中义"浙学"概念的外延，既包括浙东之学，也包括浙西之学；既包括浙江的儒学与经学传统，也包括浙江的佛学、道学、文学、史学、方志学等人文社会科学传统，甚至在一定意义上涵盖了有浙江特色的自然科学传统。当然，"大浙学"的主流，仍然是南宋以来的浙东经史之学。①

我之所以将王充判定为"浙学开山祖"和中义浙学的源头，首先是因为王充是浙江思想文化史上第一个建立了系统的哲学理论、形成了思想体系的思想家。他的"实事疾妄"的学术宗旨代表了务实、批判的实学精神，"先富后教"②的治理主张代表了民生为重的民本精神，"文为世用"③的主张则体现了经世致用的实学精神，"德力具足"的"治国之道"④体现了一种儒

①吴光：《简论"浙学"的内涵及其基本精神》，载《浙江社会科学》2004年第6期。

②"先富而后教"的思想，见《论衡·问孔篇》中引用孔子答学生冉求之语。尽管王充认为此语与孔子答子贡"去食存信"的思想有矛盾，但显然王充是主张"富而后教"观点的。

③《论衡·自纪篇》曰："（文）为世用者百篇无害，不为用者一章无补。"这句话强调文章须为世用，正是一种"经世致用"的观念。

④《论衡·非韩篇》曰："治国之道，所养有二：一曰养德，二曰养力。养德者，养名高之人，以示能敬贤；养力者，养气力之士，以明能用兵。此所谓文武张设，德力具足者也。"显然这是儒法兼治的政治思想。

法兼容的多元包容精神。而这些正是宋元明清乃至近现代薪火相传的"浙学"基本精神。其次，王充的《论衡》及其"实事疾妄"思想极大地影响了后世学者、思想家，尤其是浙学家。我曾系统检索《四库全书》电子版等工具书，竟有重大发现可以佐证"王充是浙学开山祖"观点：非浙籍名家中，有范晔、韩愈、王夫之、顾炎武、方以智、惠栋等数十人引用了《论衡》。浙籍名家中，则有高似孙、毛晃、吕祖谦、王应麟、黄震、方孝孺、黄宗羲、万斯同、陆陇其、朱彝尊、胡渭等名家引用了《论衡》。比如，南宋文献大师、鄞县人王应麟引《论衡》十一条，其《玉海》卷五十八《越纽录》云："王充《论衡》，吴君高之《越纽录》，周长生之《洞历》，刘子政、杨子云不能过也。"黄宗羲的高足、鄞县万斯同著《儒林宗派》，卷三将"王充，班彪门人"列为"诸儒兼通五经"者。清初浙西名儒如萧山人毛奇龄、德清人胡渭、平湖人陆陇其、嘉兴人朱彝尊等都多处征引王充《论衡》以伸其说。上述《四库全书》著者引用《论衡》的史料足以证明，王充及其《论衡》在中国学术思想史和浙江思想文化史上确有巨大影响，因此，我们誉之为"浙学开山祖"并不为过。

虽然王充本人影响较大，但王充时代并没有形成人才济济的"浙学"学派。"浙学"的直接源头还是北宋初期在湖州府因讲学闻名而被延请至太学讲学的安定先生胡瑗。诚如全祖望《宋元学案·士刘诸儒学案》叙录中所言："庆历之际，学统四起"，其中浙东、浙西之学"皆与安定湖学相应"，说明湖学是浙学的直接源头。但浙学的兴盛还是在永嘉、永康、金华、四明之学异军突起的南宋。到了明代中后期，以王阳明为宗主的姚江学派不仅遍及两浙，而且风靡全国，确立了良知心学。而在明清之际，刘宗周的慎独之学独树一帜，形成了涵盖两浙的蕺山学派；其高足弟子黄宗羲接踵而起，力倡重视经世实践的"力行"实学，开创了具有民主启蒙性质和实学特征的浙东经史学派，从而使"浙学"升华到深刻影响中国思想潮流的地位，成为推动近代思想解放和民主革命运动的思想大旗。

三、"浙学"的演变与学派分合

（一）"浙学"内涵的延伸与扩展

过去，在论及浙江学术文化时，谈得较多的是"浙东学派"与"浙东史学"，而忽略了起源更早的"浙学"之说。究其原委，盖因清代浙东史学家章学诚写了一篇题名《浙东学术》的文章，近代学术大师梁启超在20世纪初撰写了《清代学术概论》与《中国近三百年学术史》这两部名著，极力推崇"浙东学派"和"浙东史学"。

其实，"浙学"比"浙东学派"的概念要早出现400多年。最早是由南宋理学家朱熹（1130—1200）提出，而"浙东学派"的概念则始见于清初大儒黄宗羲（1610—1695）的著作。

朱熹论"浙学"，一见于《晦庵集》卷五十《答程正思书》，曰："浙学尤更丑陋，如潘叔昌、吕子约之徒，皆已深陷其中。不知当时传授师说，何故乖讹便至于此，深可痛恨！"再见于门人黎靖德编《朱子语类》，曰："江西之学（指陆九渊心学）只是禅，浙学（指永嘉、永康之说）却专是功利。禅学，后来学者摸索一上，无可摸索，自会转去。若功利，则学者习之便可见效，此意甚可忧。"①可见朱熹论浙学相当偏颇。然其论虽偏，但他最早提出"浙学"名称之功是不可抹杀的。

明代中期以后，阳明心学风靡两浙，"浙学"获得正面评价。时任浙江提学副使的福建晋江人刘鳞长编著《浙学宗传》一书，共立案44人，其中浙籍学者39人，非浙籍5人。其长在于涵盖了"两浙诸儒"，并将王阳明心学人物入传，已粗具"大浙学"的框架。然失之于简略，有以偏概全之弊。

"浙东学派"的概念首见于黄宗羲。黄宗羲在《移史馆论不宜立理学传书》一文中首次使用了"浙东学派"一词，他在该文批评当时明史馆修史诸公所传《修史条约·理学四款》之失，驳斥其所谓"浙东学派，最多流弊"之言说："有明学术，白沙（陈献章）开其端，至姚江（王阳明）而始大明。……逮及先师蕺山（刘宗周），学术流弊，救正殆尽。向无姚江，则学脉中绝；向无蕺山，则流弊充塞。凡海内之知学者，要皆东浙之所衣被也。今忘其衣被之功，徒訾其流弊之失，无乃刻乎！"②在

①《陈君举》，见黎靖德编、王星贤点校：《朱子语类》第八册，中华书局1994年版，第2967页。

②黄宗羲：《南雷诗文集·移史馆论不宜立理学传书》，见沈善洪主编、吴光执行主编：《黄宗羲全集》第十册，浙江古籍出版社2005年版，第221页。

这里，黄宗羲明确说明史馆诸臣已经批评了"浙东学派"的"流弊"（可见"浙东学派"一词的最早提出者应早于黄宗羲），并把王阳明心学和刘蕺山慎独之学归入浙东学派，等于建立了明清浙学的学术统系。据考证，黄氏还在明崇祯年间汇编过一部集数十名浙东学者著作于一编的《东浙文统》若干卷。但黄宗羲所谓学派，指的是学术脉络，并非现代意义的学派，他对"浙东学派"的理论内涵也未作出界定。

黄宗羲之后，首先是作为"梨洲私淑"的全祖望在所撰《宋元学案》中对"浙学"的内涵作了外延，并对浙学作了肯定性评价。如他在《宋元学案·士刘诸儒学案》叙录中称：

> 庆历之际，学统四起，齐、鲁则有士建中、刘颜夹辅泰山而兴；浙东则有明州杨、杜五子、永嘉之儒志、经行二子，浙西则有杭之吴存仁，皆与安定（胡瑗）湖学相应。[①]

此外，全氏在《周许诸儒学案》叙录中称"浙学之盛，实始于此（指永嘉九先生）"，在《北山四先生学案》叙录中称赞金华四先生（何基、王柏、金履祥、许谦）为"浙学之中兴"，在《东发学案》叙录中将四明朱学传人黄震归入"浙学"之列，

① 全祖望：《宋元学案·士刘诸儒学案》，见沈善洪主编、吴光执行主编：《黄宗羲全集》第三册，浙江古籍出版社2005年版，第316页。

赞其"足以报先正拳拳浙学之意"。全祖望的"叙录"说明了三点：第一，他所说的"浙学"主要是指"浙东之学"，但也包括了"浙西之学"（如杭之吴存仁属浙西），其内部各派的学术渊源和为学宗旨不尽一致，但有共同特色；第二，他认为"浙东之学"与"浙西之学"的学术渊源，都与宋初大儒胡安定（瑗）在湖州讲学时形成的"湖学"相呼应。显然，在全祖望看来，安定"湖学"也属于"浙学"范围，而胡瑗湖学的根本宗旨就是"明体达用"；第三，"浙学"在当时的地位，堪与齐鲁之学、闽学、关学、蜀学相媲美，而且蔚为一大学统，对于宋、元学风有开创、启迪之功。

全祖望之后，乾嘉时代的浙东学者章学诚在《文史通义·浙东学术》中论述了"浙东之学"与"浙西之学"的异同，并分析了各自的学术渊源。他说：

> 浙东之学，虽出婺源，然自三袁之流，多宗江西陆氏，而通经服古，绝不空言德性，故不悖于朱子之教。至阳明王子，揭孟子之良知，复与朱子抵牾。蕺山刘氏，本良知而发明慎独，与朱子不合，亦不相诋也。梨洲黄氏，出蕺山刘氏之门，而开万氏弟兄经史之学；以至全氏祖望辈尚存其意，宗陆而不悖于朱者也。……世推顾亭林氏为开国儒宗，然自是浙西之学。不知同时有黄梨洲氏，出于浙东，虽与顾氏并峙，而上宗王、刘，下开二万，较之顾氏，源远而流长矣。顾氏宗朱，而黄氏宗陆。盖非讲学专家，各

持门户之见者，故互相推服，而不相非诋。学者不可无宗
主，而必不可有门户；故浙东、浙西，道并行而不悖也。
浙东贵专家，浙西尚博雅，各因其习而习也。……浙东之
学，言性命者必究于史，此其所以卓也。

在章学诚看来，"浙东之学"与"浙西之学"的学术渊源及
其学风虽有所不同，但都是儒家之学，其根本之道是可以并行
不悖、互相兼容的。

如果说宋元学者眼中的"浙学"仅限于金华、温州地区的
"婺学"与"永嘉、永康之学"的话，那么明末清初的黄宗羲、
全祖望已经将"浙学"的地域延伸到宁波、绍兴等大浙东地区，
而且所包含的学术流派也不限于"婺学"与"永嘉、永康之
学"，而是包括了"庆历五先生"、"甬上四先生"（即所谓"明
州学派"）以及姚江学派与蕺山学派。及至章学诚，他在《浙
东学术》中强调"浙东、浙西，道并行而不悖"的特色，这实
际上已是"大浙学"的观念了。

自章学诚以后，近现代以至当代的许多学者，从章炳麟、
梁启超、钱穆、何炳松、陈训慈到陈荣捷、金毓黻、杜维运、
何冠彪、詹海云，以及当代浙江籍的众多学者（如北京的方立
天、陈来、张义德，上海的冯契、谭其骧、潘富恩、罗义俊、
杨国荣，南京的洪焕椿，杭州的仓修良、王凤贤、吴光、董平、
何俊，宁波的管敏义，金华的黄灵庚，温州的周梦江，等等），
都发表过有影响的学术论著，从各个角度研讨、评论"浙学"

"浙东学派""浙东学术"的理论内涵、历史沿革、学术脉络、思想特色、根本精神、研究成果等问题，从而把对"浙学"的研究推向了一个"百花齐放，推陈出新"的新阶段。

那么，我们在当代应该如何定位"浙学"的思想内涵？我在上述《简论"浙学"的内涵及其基本精神》等文中，已经明确区分了"浙学"内涵的狭义、中义与广义之不同。

我认为，我们在总结浙江学术思想发展史时，必须对狭义、中义与广义的"浙学"分别加以系统的研究与整理，但站在当今建设浙江文化大省的立场上，则应采取广义的"浙学"概念，不但要对两浙经史之学作系统的研究，也要对浙江文学、艺术、科学、宗教等作系统的全方位的研究，而不应仅仅局限于"浙东学派"或"浙东史学"的视野。

如果从广义的"大浙学"视野观察与反思浙江的学术文化传统，那么显而易见的是，所谓"浙学"，是多个学派"和齐斟酌，多元互补，互相融通"而形成的一种地域性学术格局与学术传统，这个学术格局虽然异见纷呈，但也培养了共通的文化精神。

事实上，浙江这块土地虽有浙东、浙西之分，但仅仅一江之隔，从人文传统上无法将其截然分开或将两者对立起来。在浙江学术史上，浙东、浙西往往是你中有我、我中有你、关系密切、互相影响的。因此，我们在当代应当坚持"广义浙学"的研究方向。

（二）浙学的学派与人物

浙江在北宋以前，虽有名家（如王充、虞翻），但无学派。而自北宋以至民国，浙江大地名家辈出，学派林立，可谓盛矣。

1.北宋浙学

北宋浙学首推胡瑗与湖学。北宋初年，号称"宋初三先生"之一的安定先生胡瑗在湖州讲学，创立了"湖学"。

据《宋史·胡瑗传》记载，胡瑗以经术教授吴中（苏州），受到范仲淹的推荐，后教授湖州，教人有法，严守师弟子之礼。庆历中，兴太学，朝廷下湖州取其教学法树为典范。他在太学讲学，学舍至不能容。礼部所得士，瑗弟子十常居四五。《宋元学案·安定学案》"胡瑗"小传记载，胡瑗"以明体达用之学教诸生"，"始于苏、湖，终于太学。出其门者无虑数千余人"，其佼佼者如程颐、刘彝、范纯仁、钱公辅等，皆其太学弟子也。[①]

次推明州"庆历五先生"。杨适、杜醇、王致、王说、楼郁五子，以经史、实学为圭臬，传承发展儒学。

此外，二程弟子游酢在萧山，杨时在余杭、萧山从政期间也有讲学活动，故程颢有"吾道南矣"之叹。于是，以二程洛学为主的理学分别在浙西（杭州）、浙东（明州、永嘉）都有

---

①黄宗羲等：《宋元学案·安定学案》"胡瑗"小传，见沈善洪主编、吴光执行主编：《黄宗羲全集》第三册，浙江古籍出版社2005年版，第55—57页。

传播。

2. 南宋浙学

以陈傅良、叶适为代表的永嘉学派，以陈亮为代表的永康学派，以吕祖谦为代表的金华婺学，以北山四先生何基、王柏、金履祥、许谦为代表的金华朱学，以浙东甬上四先生杨简、袁燮、舒璘、沈焕为代表的四明心学，形成南宋浙学之盛。

3. 明代浙学——王阳明与姚江学派

王阳明一生活动足迹几乎遍及中国，其讲学活动也遍布大江南北，形成了姚江学派。姚江学派共有王门八派，其中浙中王门包括徐爱、钱德洪、王畿、季本、黄绾、董澐、陆澄等约20人。

4. 明末刘宗周与蕺山学派

以明末大儒刘宗周为领袖的蕺山学派，其著名弟子有祁彪佳、张应鳌、刘汋、董瑒、黄宗羲、邵廷采、陈确、张履祥等35人。

5. 黄宗羲与清代浙东经史学派

清代浙东经史学派的领袖人物是黄宗羲，其代表人物包括：以经学为主兼治史学的黄宗炎、万斯大，以史学为主兼治经学的万斯同、邵廷采、全祖望、章学诚，经史兼治而偏重文学的李邺嗣、郑梁、郑性，偏重历算的黄百家、陈訏、黄炳垕，偏重考据的邵晋涵、王梓材。

6. 张履祥与清初浙西朱学

张履祥是刘宗周弟子，也是从蕺山学派分化而来的清初浙西朱学的领袖人物,其代表人物有吕留良、陆陇其等。

7.乾嘉考据学在浙江的展开

乾嘉考据学在浙江的代表主要是胡渭、姚际恒、杭世骏、严可均等,他们在文献辑佚、学术考辨方面各有贡献。

8.近现代浙学

近现代浙学名家辈出,有龚自珍、黄式三、黄以周、俞樾、孙诒让、章太炎、王国维、马一浮等经学家,他们在传承浙学人文传统、经典诠释与古籍整理方面各自作出了重要贡献。

四、浙学的基本精神与当代启示

在经历千百年的磨合过程中,浙学各派逐渐形成了一些共通的人文精神传统。这种人文精神是从王充到陈亮、叶适、吕祖谦、王阳明、黄宗羲、全祖望、章学诚以至近现代的龚自珍、章太炎、蔡元培、马一浮等著名浙江思想家都一致认同的文化精神。

那么,浙学的基本精神是什么呢?我曾在《简论"浙学"的内涵及其基本精神》一文中将它概括为"民本、求实、批判、兼容、创新"五个词、十个字,又在《论浙江的人文精神传统及其在现代化中的作用》一文中从五个方面概述了浙学人文精神的主要内容,即"一、'天人合一,万物一体'的整体和谐精神;二、'实事求是,破除迷信'的求实批判精神;三、'经世致用,以民为本'的实学精神;四、'四民同道,工商皆本'的人文精神;五、'教育优先、人才第一'的文化精神"。

我认为，在历代浙学家中，最能代表浙学基本精神的有五大家的五大名言。

一是王充的"实事疾妄"名言。"浙学开山祖"王充在回应人们对其写作《论衡》宗旨的疑问时说："《论衡》实事疾妄，无诽谤之辞"（见《论衡·对作篇》）。这充分体现了浙学坚持实事求是、反对各种虚妄迷信的务实批判精神。

二是叶适的"崇义养利"名言。叶适针对董仲舒名言"仁人者正其谊不谋其利，明其道不计其功"批判说："'仁人正谊不谋利，明道不计功'，此语初看极好，细看全疏阔。古人以利与人而不自居其功，故道义光明。后世儒者行仲舒之论，既无功利，则道义者乃无用之虚语尔。"①因此，叶适究心历史，称古圣人唐、虞、夏、商之世，能够"崇义以养利，隆礼以致力"②，是真正的"治道"。

三是王阳明的"知行合一"名言。王阳明说："知之真切笃实处即是行，行之明觉精察处即是知，知行工夫本不可离。……真知即所以为行，不行不足谓之知。"③这是王阳明"知行合一"说的基本论述。

四是黄宗羲的"经世应务"名言。黄宗羲主张"学必原本

---

① 叶适：《习学记言》卷二十三，上海古籍出版社1992年版，第201页。

② 杨士奇编：《历代名臣奏议》卷五十五引叶适《士学上》语。

③ 王阳明：《传习录中》，见王守仁撰、吴光等编校：《王阳明全集》上册，上海古籍出版社2012年版，第37页。

于经术而后不为蹈虚，必证明于史籍而后足以应务"①、"经术所以经世"②。在著名的《明夷待访录》中，黄宗羲明确提出了"天下为主，君为客"的命题，从而使其民本思想提升到了"主权在民"的民主启蒙高度，并影响到清末民初的民主启蒙运动。

五是蔡元培的"兼容并包"名言。浙学传统从王充以来，就有一种多元包容、兼收并蓄的思想特色。蔡元培从小就受到浙学传统的熏陶，在其思想深处就有一种多元包容的思想倾向。因此，他在辛亥革命后接掌北京大学校长时，提出了"思想自由，兼容并包"的办校方针，从而使北京大学成为包容多元、引领近现代思想解放潮流的新型教育阵地。

以上总结的五个词、十个字、五大精神、五大名言，就是我对浙学人文精神和历代"浙学大家"基本精神的概括性总结。在这一认识的基础上，我们进一步深入探讨浙学的当代价值与启示，也有五点值得借鉴发扬。

第一，浙学中"天人合一，万物一体"的整体和谐精神，启示我们要实现的中国式现代化必须是低碳、绿色、人与自然和谐相处的，而非将人与自然置于对立斗争地位的物本主义的

---

① 全祖望：《甬上证人书院记》，见全祖望原著、黄云眉选注：《鲒埼亭文集选注》，齐鲁书社1982年版，第347页。

② 全祖望：《梨洲先生神道碑文》，见全祖望原著、黄云眉选注：《鲒埼亭文集选注》，齐鲁书社1982年版，第105页。

二元对抗境地。所以，我们必须避免陷入"征服自然"式的斗争哲学思维。近年来，气候日益变暖，甚至出现40度以上的连续高温天气，使我们深切感受到气候变暖趋势的可怕与危害，也更促使我们要努力设法保持人与自然和谐相处的必要性与紧迫性。

第二，"以人为本，人民至上"的民本精神。这是以人民利益为最高利益的民本主义论述，是古越国"十年生聚，十年教训"从而由弱变强战胜强吴的法宝，也是在中国式现代化实践中经历40年艰苦奋斗，使资源贫乏的浙江成为经济大省的一大政策法宝，更是今后几十年建设共同富裕示范区的战略法宝，值得我们继承发扬光大。

第三，"自强自立，开拓创新"的创业精神。这尤其体现在温州人"敢为天下先"的创业精神以及义乌人建设小商品市场的创业开拓精神上。这一点一直是温州、义乌、宁波、龙游、湖州等地浙商的优良传统，值得发扬光大。

第四，"实事疾妄"的求实批判精神，这是浙学家留给我们的科学思维方法。浙学传统中，从王充到陈亮、叶适、王阳明、黄宗羲以至章太炎、马一浮，都是富有求实批判精神的大家。我们在实现新时代的中国式现代化、实现中华民族伟大复兴的实践中，尤其需要坚持实事求是、反对弄虚作假、批判各种不切实际的虚妄迷信。

第五，"多元和谐，兼容并包"的精神。改革开放以来的实践证明，坚持改革开放的基本国策，能让我们的社会主义现代化事业实现长足发展。可以说，"改革开放，多元包容"，是我们不断从胜利走向新胜利的政策法宝。

上述五个方面构成一个有机的思想整体，在这个思想整体中，"万物一体"是我们的宇宙观，"以人为本"是制定政策的根本前提，是一切工作的出发点；"实事疾妄"是必须坚持的思想路线，是民族精神的脊梁；"开拓创新，多元包容"既是科学的思维方式，也是创业者必备的人文素质，是建设现代化新浙江的政策法宝。近40年来，我在多家报纸杂志和各种学术讲座中发表了多篇文章，论浙学文化观与科学发展观的关系。我认为，科学发展观的根本精神包含着三大要素：一是"以人为本"的人文精神，人是最重要的，一切为人民的根本利益着想，这是中国共产党人的根本出发点；二是"实事求是"的务实精神，在任何工作中都必须坚持"实事求是"的思想路线，才能做到无往不胜；三是"多元包容"的和谐精神，这是一种全面开放、深化改革、包容多元、追求和谐的精神，而不是一元的封闭主义。这也算是我论浙学的一得之见吧。

上述五点启示在根本上体现了浙学的人文精神传统。这个精神传统落实到社会实践中，就转化为"改天换地、建功立业"的巨大物质力量。浙江人民在现代化建设中之所以能取得伟大成就，与浙江的历史文化、思想传统是密不可分的。现在的社会主义现代化是一项前人未曾从事过的伟大事业，不仅吸收了中华优秀传统文化的精华，也吸收了全人类优秀文化的精华。我们在建设人文浙江、和谐浙江、现代浙江的过程中，必须充分发掘浙江人文思想的深厚资源，同时面向全世界，坚持多元和谐发展，真正提供服务于中华民族伟大复兴的文化软实力。

综上所述，浙学作为一种富有特色、充满活力的地域文化形态，是中华文化大厦的重要组成部分，她不但在历史上促进了社会文明进步，而且在当代中国现代化的实践中，仍然具有强大的精神感召力和实践推动力。我们应当倍加珍惜这份资源，并使之发扬光大，日臻完善。

2024 年 9 月 3 日草成于杭州

目　录

前　言

传统史学是如何走向现代史学的？这是考察清代史学走向的关键问题。清代史学已出现了一些现代性因素，但如何理解、解释这些因素，仍有待深入研究。在清代史学中，浙学大家章学诚无疑是关键人物之一。章氏《文史通义》内外篇的体系建构，遵循了刘知几《史通》以来的习惯，在批评中提出新主张。这种风格在外篇中表现得最为明显，内篇则侧重直接阐明学术思想，建构学术框架。"题似说经，而文实论史"，这是其文章的巧妙之处。章氏遵循守正创新的路径，在坚持六经的基础上谈创新。这种"旧瓶装新酒"的做法，不易为人所理解。如《原道》一出，在当时就争议不断。而今日必须引申出新概念才可明白其要旨及贡献。

时人将章学诚与刘知几相比较，但章氏并不接受。他说："不知刘言史法，吾言史意；刘议馆局纂修，吾议一家著述；截然两途，不相入也。"[①]对于这句话，后人的解释多望文生义、牵强附会。必须从传统历史研究与现代史学研究的异同入手，

---

① 章学诚：《文史通义新编新注》外篇三《家书二》，仓修良编，商务印书馆2017年版，第818页。

才能理清二者的不同。传统中国史学的范型，经历了叙事史学、义理史学、考据史学的嬗变，而章氏史学已经透露出现代史学的曙光。所谓现代史学，至少要满足三大基本条件：一是回归社会生活世界，以人事为对象，将其放在特定时空框架中加以考察；二是要有长时段的历史哲学或历史诠释理论；三是要有全新的历史编纂体裁，特别要用能适应复杂逻辑层次的章节体。刘知几偏向叙事史学，重在历史编纂学，目标是编纂一部好的综合性纪传体国史；而章学诚偏向分析史学，重在历史哲学的探索，目标是写出新纪传体通史。章学诚超越了传统史学的三大范型，进入本体历史研究领域，这是最能体现其触及现代史学之处。章学诚史学的现代性主要表现为三大方面：大道的突破、大道与文史的结合、大道与通史的结合。

笔者以章氏著作及相关研究成果为蓝本，在消化前人成果的基础上，取其精华，推己创新。尽管本书的定位是普及读本，但仍想给读者提供一些新思维新知识。故本书不仅从时空变化的视角介绍章氏从绍兴，到湖北、北京、宁波、河南、湖北、安徽，终归绍兴的一生轨迹，更注重以问题意识，推进章氏学术思想的多角度再考察，并赋予其新解。本书的书写还注重以下几点：穿梭于古今之间，往来于生活世界与文本世界；信息准确，语言通俗，深入浅出，不用长引文；有故事细节，避免过度抽象化。本书重视章氏学术实践与学术思想的当代启迪，以现实思考激发丰富的想象力。学术创新，通俗普及，启迪当下，是本书的三大目标。

第一章 修志与讲席人生

对大众来说，已经过世二百多年的章学诚，或许只是一个陌生的人名符号。不过，对学界来说，他是大名鼎鼎的史家大家、浙学大家。本章主要从清代科举制度与地方文化交织的背景出发，以道墟章氏渊源、史学天赋觉醒、科举屡试屡挫、修志讲学实践为叙事脉络，系统梳理章学诚作为浙东学派史学大家的生平轨迹。通过考察章学诚文史治学的独特路径、七应乡试的坎坷经历，以及《文史通义》《校雠通义》等学术成就的生成过程，展现其在传统科举桎梏与史学理想的碰撞中的思想突围，及其对清代方志学与文史理论的开拓性贡献。

章学诚（1738—1801），字实斋，号少岩，原名文敩，出生于浙江省绍兴府会稽县（今属绍兴市越城区）。章学诚生于乾隆三年（1738）的说法，大抵是根据《章氏遗书》中《任幼植别传》的"君与余同乾隆三年戊午生"一语。但《乾隆戊子科顺天乡试易经三房同门姓氏录》载章学诚为"庚申年九月二十九日申时生"，"庚申年"即乾隆五年。后者说法比前者晚了两年，何以如此？这其实体现了明清时期普遍存在的官年①现象。

一、"无绍不成衙"

根据光绪《俍山章氏家乘》等的记载，章氏一族最早可追溯到五代时期，当时始祖章仔钧在福建浦城成家立业，此后家

---

① 官年，即具报官府的年龄。明清时期，科举考生往往向官府瞒报年龄，以求日后为官任期更长等好处。

族逐渐人丁兴旺，开枝散叶。南宋光宗、宁宗年间，章颜武（文叔）从海宁再迁，始居会稽东乡，即今绍兴市上虞区道墟街道的俛山。其后人以耕读立业，以礼义传家，渐成一方大族。章姓是道墟最大的姓氏，当地甚至有"道墟章"的说法。据《章孺人家传》，经过几百年的发展，到清代中叶时，"墟里宗人不下万家"，可见俛山章氏确实是地方大族。

时至今日，道墟仍住着五万多户章氏人家，早年有十多个章氏祠堂。现有章氏大宗祠，为章学诚纪念馆。

道墟章氏分前宅、后宅、西宅三大片，章学诚属前宅开三十五房之君信公派。明清时期前宅出了两位著名学者，一位是明末章颖（1514—1605），是刘宗周的外祖父。章颖传授《易》学数十年，从学者千余人。章学诚一支，擅长的正是易学。另一位就是清代的章学诚。

绍兴孕育了庞大的"师爷"群体。在清代，幕客、讲席、塾师、编书是读书人的四大自由职业。其中，师爷是清代官署中幕僚的俗称，他们非官非吏，没有法定的编制，属于督抚及各级衙门主官私人出钱聘任的佐治人员。在来自全国各地的幕客中，浙江士人居多，其中又以绍兴人出道最早，数量最多，名声最大。清代读书人间流传着"无绍不成衙"的说法，可见分布广泛、规模庞大、影响巨大的师爷群体早已成为绍兴的一块文化招牌，这些府邸中的师爷们在清代中央与地方的政治活动中发挥着不小的作用。

绍兴为何会孕育出如此庞大而特殊的师爷群体？首先是因

为绍兴尖锐的人地矛盾。浙江素有"七山一水二分田"的说法。经历中国古代几次人口大南迁后，浙江快速增长的人口使得原本不多的土地更加捉襟见肘了。到了清代，绍兴的人口密度竟达每平方公里 579.55 口，居全国人口密度的第四位，人地矛盾十分尖锐。绍兴虽山清水秀，人民聪慧晓事，但地域偏僻狭小，本地产业不发达，所产之粮也不足以供给本地人食用，导致许多人被迫外出谋生，其中就有大量科举、仕途不顺的读书人。其次，绍兴是明代进士之乡，素有崇尚读书、追求功名的风尚，民间有"天下人才出浙江，浙江人才出绍兴"之谚。清代绍兴籍进士多达 744 名，绍兴科举之风可见一斑。生于进士之乡，读书人自然热衷于科举考试，科举入仕是多数绍兴读书人的毕生追求。然而，浙东的科考竞争实在太激烈了，僧多粥少，大多数人都免不了失意落榜。为谋生计，外出"治文书、托官府为幕客"，四海为家，便成为理所当然的事。此外，绍兴人特别看重包括乡缘、血缘、师缘在内的各种关系，已成名的师爷们往往不吝提携推荐，各种关系错综复杂，"彼此各通声气，招呼便利"。各地甚至还设有专门的绍兴会馆，作为绍兴同乡联谊场所，有的会馆还办有专门培养师爷的幕学培训班。这样一来，外流的人才便有了同乡的帮扶。许多在外闯荡的人都干出了一番事业，这些人又继续帮助年轻的绍兴读书人，由此形成了一个循环，绍兴师爷群体也就慢慢壮大起来了。①

----

① 读者若有兴趣，可进一步阅读王振忠《绍兴师爷》(福建人民出版社1997年版)。

道墟章氏作为地方大族，是典型的绍兴师爷家族，其族人在全国各地开枝散叶，尤其是在北京。据《章孺人家传》记载，"章氏族人居京师，不下百家"。北京的章氏族人略仿宗祠体制，成立"偶山章氏京师公会"。他们中有不少就做了师爷，在京师各衙门谋生。乾隆三十一年（1766），章学诚在北京的从兄垣业辑其支谱，与学诚商榷体例。可惜，这部宗谱没能得以传承。

二、科举读书之家

章学诚这一支是读书应举人家。高祖章铨（又名志忠、致忠，字念奇），为明末南直隶六安府的长史。他有五个儿子，老五匡义为章学诚的曾祖，应童子试，三十多岁卒。匡义有三子，长子章如璋，候选经历。次子如璧，候选知州。幺子大伦，候选同知。章如璋为章学诚的祖父，居道墟，嗜书如命，尤爱史学，人到晚年，闭门读书，终日不见人影。

章学诚的父亲章镳，字骧衢。章如璋病卒时，章镳尚年少，这使得本就贫穷的家庭愈发窘迫。受章如璋影响，章镳读书同样孜孜不倦，常常阅文而忘我。由于家庭贫困，没有闲钱买书，借书、抄书便成为章镳长期坚持的习惯。章镳爱好书法，往往边抄书边练字，光是《毛诗》便用工整的小楷抄了好几本。通过大量抄阅古籍，章镳的学问与见识不断增长。他在抄阅中常常发现古书中的不足之处，便决定自己动笔，边看书边修改删减。经他的润色加工，原本文体破碎、语言浮夸的文章显得文字精炼、内容详实。章镳将这些手抄本都整理装订起来，在原本的书名旁题写下"章氏别本"，如此成书的有《江表志》《五国故事》《南唐书》等十余种古籍。章镳晚年汇集整理笔记，发现一生抄录的书籍竟有百帙之多。良好的家学传统让章学诚自小就受到熏陶，也十分热爱读书。

清代科举考试因袭明制，采取分区定额的原则。各省人口以及文化发展水平参差不齐，竞争激烈程度不同。浙江，尤其是绍兴，科举之风兴盛。那些声名显赫的绍兴家族哪一个不是紧盯着有限的名额，争得头破血流。从章学诚曾祖匡义、祖父如璋科举应试之路的屡遭失败，可窥见绍兴科举竞争之激烈。

直到章镳一代，章氏家族才实现了突破。章镳登乾隆元年（1736）丙辰恩科顺天举人，乾隆七年中进士。查阅《明清进士题名碑录索引》，会发现章镳名字下小注"顺天府大兴"（今北京市大兴区）。他明明是绍兴府会稽县人，怎么成了顺天府大兴人？原来他换了乡试竞争之道，没有在绍兴，而是到顺天府大兴应举。清末桐城派作家萧穆与章学诚族人章善庆交往，由此得知了章镳入籍大兴的内幕。章氏的先祖曾"客游北方"，入籍大兴。这可追溯到章学诚曾祖一代。据章学诚记载，家族中自"瑞生公"始，即入籍京师。这位"瑞生公"便是十四世孙章匡时，章镳的堂伯祖，曾任"北城副指挥"，这一支就此落户京师。据记载，北支章匡时与南支章匡义关系最好，彼此联系较多。据中国第一历史档案馆藏《乾隆七年登科录》记载，章镳在科考中填写的个人信息是"曾祖念奇，祖匡时，父士龙"。也就是说，章镳将从祖匡时、从父士龙作为自己的直系祖、父，入了大兴籍。大家族制度为此类借同宗名字换籍贯的方法提供了可操作性。这些事，章学诚自然不会直接记录下来。今日通过萧穆等人的记载，顺藤摸瓜，才得以从蛛丝马迹中逼近历史真相。

三、推崇乡贤邵廷采

章镳和章学诚酷爱读书，具备较高的文化素养，除了家族重文传统外，还离不开一个人的影响，这个人就是邵廷采。

邵廷采（1648—1711），字念鲁，浙江余姚人。邵廷采出生于姚江书院世家，姚江书院是明清之际浙东地区传播阳明学说的大本营。他幼年时便结识书院前辈，十九岁拜姚江先辈韩孔当为师，一生以圣学为己任。邵氏治学，有四大特点。第一，不名一师，不主一学，博采众长，广泛采纳诸家学说之精华。第二，强调经世致用。邵廷采提倡"学者为学，须有体有用"，认为"明经将以致用"，反对将理论空留于纸砚，而是要将其落到实处。第三，反对考据，主张宏观研究。清代大兴文字狱，于是学者们避而不谈政治，埋头钻进古籍字句考证之业，由此诞生了以考据为主的乾嘉学派。久而久之，学风逐渐变得僵化呆板，学者多只注重一字一句是否得当，而不重视文章大义。邵廷采看到了乾嘉学派的短处，主张提撕本原，探求大义。第四，沿袭姚江书院主张，提倡知行合一，尤其强调躬行实践。邵廷采强调学习文章是为了明白其中的道理，再予以践行，做到心行合一、知行合一，这也是王阳明传给后人的宝贵教诲。邵廷采作品主要见于《思复堂文集》《姚江书院志略》。"盖马、班之史，韩、欧之文，程、朱之理，陆、王之学，萃合以成一子之书，自有宋欧、曾以还，未有若是之立言者也。"①章学诚对《思复堂文集》评价之高，于此可见。

邵廷采虽一生未曾入仕，生前名声仅限于乡里，但在清代浙东学术史上有着十分重要的地位。他私淑黄宗羲，上承清初浙东之学，下开邵晋涵、章学诚之学，是清代浙东学术史上一位承上启下的人物。②

邵廷采二十三岁后入赘陶氏，居会稽县陶堰。由道墟到陶堰，再到绍兴府城，正好是一条直线。邵廷采与道墟章氏关系十分密切，据章学诚记载，邵氏每次拜访章氏故友，章氏一族必定高规格款待，将肉块切得方方正正，餐具再三擦拭后，才将菜品摆上餐桌。可见在章氏族人眼中，邵廷采是位尊贵的客人。章镳对邵廷采"独深爱之"，"生平极重"邵廷采的文章，治学风格自然也受到邵氏影响，这种影响也延续到了章学诚身上。章学诚曾在家书中直言因父亲推崇邵廷采，所以自己也"定所趋向"，树立了类似的治学风格，并感叹自己非常景仰邵氏，始终"愧未能及"，认为自己的才情不及邵氏。"吾由是定所趋向。其讨论修饰，得之于朱先生，则后起之功也，而根柢

---

① 《文史通义新编新注》外篇三《家书三》，第820页。

② 参见钱茂伟：《姚江书院派研究》，中国社会科学出版社、文化艺术出版社2005年版。

城等地书院讲学来维持生计。

乾隆三十年（1765），章学诚返回京师国子监，三应顺天乡试。这次的主考官沈业富非常欣赏章学诚，将他的文章推荐给主司，但遗憾的是，仍然未被录取。但这一年，章学诚的人生迎来了重大转折。通过沈业富的引荐，他拜师翰林院编修朱筠。乾隆三十一年至三十二年间，因国子监新任祭酒欧阳瑾的赏识，章氏的考试成绩名列六馆之首，由此出名。

乾隆三十三年（1768）戊子，第四次参加顺天乡试，中副榜。此前在国子监读书时，章学诚与这次负责主持策对的国子监长官意见不一，曾与其发生过争论，而此次考题恰好是之前争论的问题。章学诚本可以投其所好，选择考官偏爱的方向作答，但他坚持己见，不愿附和考官，最终被斥落为副榜。事后有人责备章学诚不懂权变，他答曰："仆之生平，不能作违心之论！"①

萧穆称"年四十，应乾隆四十二年丁酉顺天乡试，乃改归会稽原籍，中式举人"②。据《乾隆戊子科顺天乡试易经三房同门姓氏录》载："副榜章学诚，字实斋，号少岩，行六，庚申年九月二十九日申时生，浙江绍兴府会稽县，监生，民籍，习《易经》。"考虑到他是通过例捐监生直接参加顺天乡试的，不用改籍贯，直接标注会稽籍才合常规。所以，他并不存在"改

① 《文史通义新编新注》外篇三《与史氏诸表侄论策对书》，第805页。
② 吴庆坻：《蕉廊脞录》卷五《章学诚事略及遗书本末》，张文其、刘德麟点校，中华书局1990年版，第159页。

则出邵氏，亦庭训也。"邵廷采的古文观直接奠定了章学诚的治学基础，而后来朱筠让他讨论如何修饰文章，则属于进一步提升。

那么，邵廷采对章学诚究竟产生了哪些影响呢？综合来看，可以归纳为五个方面。一是治学讲求文史哲兼通。乾隆三十六年（1771），章学诚首次见到邵廷采侄孙邵晋涵，对他谈及邵廷采的《思复堂文集》，并大加赞赏，认为此书融会贯通各派学说，风格自成一家，堪称五百年罕见。受邵廷采影响，章学诚突破了刘知几等前代史家专谈史学的局限，讲求文史哲兼通，并作《文史通义》阐明思想。二是接受了邵氏古文理论，并将其归纳为"文贵清真"。清代著名史学家、文学家全祖望曾批评《思复堂文集》"一往谬误"，章学诚却作文为邵氏辩护，认为全祖望虽号称"大家"，但其文章水平却不及邵氏，原因在于全祖望之文修辞饰句，芜累甚多，且叙事复见叠出，过于漫衍冗长。而邵廷采的《思复堂文集》辞洁气清，叙事雄健严谨，语无枝剩，虽然由于见闻有出入，有记事不准的问题，然而并不伤大体，贵在"清真"。三是继承了邵氏治学重经世的精神。章学诚十分推崇邵廷采"文章有关世道，不可不作；文采未极，亦不妨作"之训，进而形成史学应经世致用的进步思想，并终生践行。四是继承邵氏反对过分沉湎于考据，重视宏观研究，强调读书观大意、求大义的主张。五是反对门户之见。邵廷采一生反对治学有朱陆王刘之别，主张博采众长，这一思想显然也影响了章学诚。

邵廷采时运不济，科举艰难，一生在功名理想与落魄现实的缝隙间挣扎。他有五个子女，全家共十口人，终日为柴米油盐发愁，根本无法静下心来思考。于是，他经常到寺庙或朋友家写作。命运弄人，邵廷采参加乡试十余次，竟然连一个举人也没有博得。

章氏父子受邵廷采的影响颇深，他们都是在会稽活动的学人，人生历程也与邵氏有相似之处。不同的是，章氏父子跨过了科举考试的门槛，最终成为进士。

一、史学才能显现

父亲章镳是教书先生，按理说可成为章学诚的启蒙老师，可他平日里非常忙碌，没有空闲教育儿子。母亲史氏就成了他幼时的启蒙教师。史氏对儿子要求严格，希望他继承父亲之业。无奈章学诚对举业之路的兴趣不大，"惟性耽坟籍，不甘为章句之学。塾师所授举子业，不甚措意"①。加上身子骨弱，常常生病，每日只能诵百余言，时病时止，所以章学诚的知识功底并不好。乾隆十六年（1751），章学诚十四岁，被父母送至同县的姑父杜鉴湄家的私塾上学，跟着老学究王浩念书。清代七岁至十四岁，属幼童阶段，重在蒙学与四书。但在当时，他的四书仍未学完，可见进度稍慢。

---

① 章华绂：《文史通义跋》，载《章学诚遗书》附录，文物出版社1985年版，第622页。

乾隆十六年（1751），章镳赴京谒选，终于被任命为湖北德安府应城知县。离开绍兴前，家里安排章学诚与俞氏姑娘早早完婚。早婚在当时属于正常现象。随后，全家踏上了往湖北之路。

到应城后，章学诚住在县衙内的官舍，开始广泛阅读书籍，不问是否经典，单凭兴趣阅读。乾隆十八年（1753），章学诚十六岁了，读书仍没有章法。章镳心中忧虑，为了使儿子系统学习经义时文，以便将来通过科举谋取功名，光宗耀祖，在德安知府施廷龙推荐下，请来江夏生员柯绍庚担任章学诚的专职老师。柯绍庚的任务为传授经义，教导科举应试之法。于是，章学诚正式开始了他少年时期的科举学习时光。然而，章学诚仍不肯为应举文，"好为诗赋而不得其似，心无张主，却又不甘与俗学伍"①。性情懒散，每日读书最多不过二三百字，且只是草草阅读，时间不长，也并不深究其理。

章学诚是一个"偏科生"，极讨厌学习应举时文，对史学的兴趣却日渐增长。自青少年时期，章学诚便已知晓自己的性情与兴趣，认为自己"性情近史学"，且"能窥及前人所未到处"，阅读史籍时"乍接于目，便似夙所攻习然者。其中利病得失，随口能举，举而辄当"②。到了十五六岁时，志趣已不离纸笔，开始尝试编史书。在私塾课余闲暇之际，曾经瞒着先生删

---

① 仓修良、叶建华：《章学诚评传》，南京大学出版社1996年版，第36页。

② 《文史通义新编新注》外篇三《家书六》，第824页。

减编年体史书《左传》的内容。父亲章镳见状，指点章学诚：《左传》本为编年体裁，若仍旧按照编年体删节，没有新意，不如尝试用纪传体重新编写。编年体与纪传体是两种截然不同的体裁，若要重编，则不仅要下大力气，还要求编者具备深厚的学识。章镳的本意是鼓励儿子做出创新，在学问上下些功夫，没想到章学诚竟然认认真真地思考了计划，并拟以《左传》《国语》等史籍为基础，创作一部纪传体的新作《东周书》。由于官舍中能够使用的先秦史书太过有限，章学诚私下向妻子俞氏借得一些金银首饰，换来纸笔书，让父亲的胥吏们日夜抄录《春秋》《左传》《国语》和东周战国子史等资料。他利用空余时间从这些资料中选取史料，按照纪、传、表、志的体裁重新编写《东周书》。历经三年的艰苦努力，这部作品已经达到一百多卷，规模庞大。可惜最后被柯绍庚发觉，并遭到严厉的训斥。馆师指责他不务正业，勒令其停止编纂，因而未能正式成书。尽管《东周书》只是章学诚年少时的一次儿戏之作，但已经显露出了非凡的史学才华。试问有几人能在十五六岁时尝试重编先秦史书呢？这次编书的经历使他对史书体裁有了更深刻的认识，对他未来学术生涯产生了深远的影响。

在章学诚这次编写《东周书》的经历中，父亲章镳发挥了关键的指引作用，提出了最初的指导意见。章镳"嗜史学"，时时教导章学诚，鼓励他独立思考。除重编《左传》《国语》外，章学诚少年时对邓元锡《函史》的一些批评意见，也是受了其父亲先前评《史记索隐》批注的启示。在晚年家书中，章学诚还提到自己治学善于理解大义，能窥见前人不能见之处，而时常忽视训诂考证的特点，也是受到了父亲的影响。可见章学诚之所以能在史学上有建树，展现出独特的史学才华，离不开家学渊源的影响。

乾隆二十一年（1756），章学诚十九岁，读书仍处于泛览阶段。到了二十一二岁，章学诚通过博览群书，学问突飞猛进。虽然尚未领会经部，但对涉及史部的书籍好似心有灵犀，无师自通，粗粗翻阅就能明白大义，并且能够精准说出其中的利害得失，评价不偏不倚。到了二十三四岁，章学诚已产生了一些创新性的史学思想，比如诸史书应当在纪、表、志、传之外设立"图"、史官传等卓识。传统的史著，多为文字文献，没有图像。进入明清以后，插图增加，但国史中尚无先例。至于设立史官传，更是一大创举。史官是中国古代专业职官，对中国史学发展贡献很大。章学诚年纪轻轻，便能提出以往史学大家所不能及的见解，确实非常有天赋。对比其他自幼手不释卷的天才儿童，章学诚自觉不如，但若对比日后各自的学术成就，章学诚认为"远逊吾者甚多"。二十岁前后"不类出于一人"，其中的原因令他不解，思来想去，只能归结于自己在史学上有过人的天赋。然而，仓修良先生不认同此"天授说"，认为章氏的蜕变是家庭熏陶、自己长期努力的结果。

从个人成功经验中，章学诚总结出了独到的育才经验，即"性灵说"，提倡发现幼童爱好，使他们及早从标准化教育中脱离出来，发挥各自优势，早日成为专业人才。

二、七应顺天府乡试

科举是当时有志士人必走之路，章学诚也不例外。按明清的科举考试路径，先秀才，后举人。问题是，有关章学诚秀才考试的地点与时间并没有记录留存，何以如此？科举采取按籍应试的原则，章学诚因此遇到了复杂的难题。他是浙江绍兴会稽人，随父居湖北应城。按照子继父学籍的习惯，章学诚的学籍在顺天府大兴县。如此，他既不能在湖北应城考生员，又无法到顺天府大兴县考生员。

最后，章学诚应是走了例捐监生之路，凭借监生的身份直接参加顺天府乡试。乾隆元年（1736）规定，例监生在乡试之年捐的，可以直接参加顺天府乡试。童生捐为监生，直接参加乡试，在清代属于合法现象。据相关资料，清朝例捐一个监生的基本行情是108两银子。

据胡适《章实斋先生年谱》乾隆二十五年（1760）条，"（章学诚）至北京，应顺天乡试"。此条记录源于章学诚《滕县典史任君家传》："余自乾隆二十五年庚辰来应顺天解试，主从兄允功家。"[1]"京师，人之海也"，此番应试让他大开眼界。这段时间里，他寄居在北京同宗兄弟章垣业家中，经常与同辈的章文钦、章守一、章廷枫等人交流学识。

---

[1] 章学诚：《章学诚遗书》卷一七《滕县典史任君家传》，文物出版社1985年版，第170页。

　　乡试发榜，落第。乾隆二十七年（1762），章学诚回到家乡会稽。不久，北上第二次应顺天府乡试，再次落选。这年冬天，章学诚进入国子监读书，当时称为坐监。由于一直待在小小的应城，备受父母照顾，没见过什么世面，他的生活阅历很浅，进入国子监时正年轻气盛，"意气落落，不可一世"。他在国子监学习十分用功，"所居门无扉，张芦箔一片，严冬睡醒，身没雪中。日惟麦饼两枚，解馁而攻苦愈锐"①。"芦箔"是用芦苇编织成的席子，今日北京仍有冬天门口挂帘子的现象，这是为了挡风寒。帘子过薄，雪吹进门来，将他掩埋。每日只吃两块麦饼，时常感到饥饿，可见求学之艰难。问题是，章学诚并不喜欢钻研八股文章，学习死板守规的"举业文艺"，他喜欢发表个人见解，看自己感兴趣的书，所以在国子监内的学习成绩很糟糕，总是排名倒数。成绩糟糕，"意气落落"，章学诚便更遭众人排挤，老师、同学大多看不起他。章学诚在国子监里，前后待了七八年，身边同学换了一批又一批，但真正可以推心置腹的只有曾慎与甄松年两人而已。

　　乾隆二十八年（1763）夏，章学诚请假回湖北应城省亲。父亲章镳此时早已不再担任应城知县，七年前他因疑狱判决失轻而被罢官免职，因为官清正，被罢官时竟凑不出返回绍兴老家的盘缠，不得已只能留在应城，一家人全靠章镳在天门、应

_____

① 沈元泰：《章学诚传》，载闵尔昌录：《碑传集补》卷四十七，文海出版社1980年版，第2572页。

归会稽原籍"之事。

乾隆三十三年（1768）冬天，父亲章镳卒于应城，章学诚没有机会送父亲最后一程。他独自承担起养家的责任，决定将全家迁到北京。乾隆三十四年，章学诚三十二岁。三四月间，先在北京租好房子，后请假回湖北应城料理后事。事后，举家扶柩，搭湖北粮船北上。途中，书箱被水所浸，随身的三千余卷书，损失三分之一。六月，章学诚把全家十七八口人安顿在京师柳树井南冯均弼宅。从此，一家老小的生计重担全部压在了章学诚的肩上。

这一年，他负责为座师秦芝轩校编《续通典》之《乐典》，愈加重视考证。除此之外，这两年他以国子生的身份参与《国子监志》的编修工作。章学诚参与编书，"因白之同官，咨之铨部，俾一官偿劳，使得尽其夙抱"①。可见是朱春浦的欣赏，让他有了机会发挥编纂才能。又"欲使卒业《则例》一书，为后日叙劳地"②，编纂给了章学诚做出成绩的机会。后因国子监内官员排挤打压有真才实学的人，薪水也不足以养家糊口，章学诚索性离开了国子监。

乾隆三十五年（1770），五应乡试。随后，同好友邵晋涵等人一道随朱筠离京，前往安徽太平使院。乾隆三十七年，章学诚三十五岁，在与友人的来往书信中，已提及计划撰著《文史

---

① 《文史通义新编新注》外篇三《候国子司业朱春浦先生书》，第753页。

② 《文史通义新编新注》外篇三《候国子司业朱春浦先生书》，第753页。

通义》一事，欲通过对古今著作进行校雠评论以形成一家之言。

乾隆三十九年（1774），六应乡试。胡适《章实斋先生年谱》称："应浙江乡试，不中。"浙江乡试考生基数庞大、录取名额有限，竞争更激烈，成功机会渺茫。此时，章学诚由于没有长期稳定的正式工作，生活一直没有着落。他一生中唯一的官职是国子监典籍，从九品。

乾隆四十二年（1777）春，经友人介绍，章学诚前往直隶定州，主讲定武书院。也是在这一年，章学诚第七次入京应顺天乡试，主考官梁国治对章学诚的文章大加赞赏，此番章学诚终于得中。

据《与汪龙庄简》："中间七应科场，三中、兼副榜一荐、一备、二落。"[1]在此过程中，章学诚不仅要四处漂泊寻找工作以养家糊口，还要坚持学术创作，追求精神世界的圆满，这份难是旁人无法体会的。章学诚向朱筠学习古文，日夜交流，有一天谈及时文，希望能够得到指导。然而，朱筠当即摇头表示："足下与此无缘，不能学，然亦不足于学也。"听到这番话，章学诚感到震惊，只好实话实说："家贫亲老，不能不望科举。"朱筠不希望看到有才华的人将时间和精力全部用在钻研八股时文上，认为科举并非难事，且并非必须精通时文。[2]过分研习时文未必能够在科举考试中取得好成绩，真正的应试标准应该是

---

① 《文史通义新编新注》外篇三《与汪龙庄简》，第696页。

② 《文史通义新编新注》外篇三《与汪龙庄简》，第696页。

考生有实际的才能。只要坚持自己的道路，发挥自身的专长，科举考试仍然有可能取得成功。即便最终不如愿，也并非由于不学时文所致。章学诚接受了恩师的建议，从此不再刻意研习时文。晚年时，他还写信给好友汪辉祖，劝他改变想法，不要因认为子女读古书对考取功名无益，就强迫他们去学习时文，其实读古文反而能培养才情。尽管章学诚并不喜欢时文，但为了生计，也没有放弃科举考试，但以古文应试，不作八股，以宽容的态度面对科举。

三、中进士不敢入仕

乾隆四十三年（1778），章学诚通过会试，会试卷甚至得到乾隆帝"纯正之谕"。进入殿试，正考官于敏中特奏其名，中二甲五十一名进士。天津博物馆藏有乾隆四十三年章学诚殿试卷，上书："臣章学诚年叁拾玖岁，浙江绍兴府会稽县人，由副榜贡生，应乾隆肆拾贰年乡试，中式。由举人应乾隆肆拾叁年会试，中式。今应殿试，谨将三代脚色并所习经书开具于后：曾祖匡义，祖如璋，父镳，习《易经》。"[1]

四十一岁中式进士以后，章学诚获得了进入官场的机会。然而，他最终放弃了入仕。其中有诸多复杂的原因。

一是官职分配等待时间长。乾隆时代做官难，编制太少，进士过多。根据清代的官员选拔体系，即便是中了进士，也不

---

[1] 《文物博览·文物精品·清乾隆四十三年章学诚殿试卷》，天津文化信息网。

太可能立即就任，大多数人必须要在吏部排队，等候职务分配。等到分配的时候，得在吏部抽签，看看要去哪儿任职，这个过程称为铨选。清代中期开始，空缺职位与等待上任者的比例进一步降低，铨选需要等待的时间越来越长，有些人甚至等了十多年才得官。乾隆七年（1742），章镳中了进士，可直到近十年后，他才得以轮到赴京谒选，任湖北德安府应城知县。父亲的做官经历也对章学诚做出中式而不入仕的决定产生了很大影响。

二是父亲失败的阴影。乾隆二十一年（1756），章镳已到湖北应城任职五年了，却不幸遭到罢官。章镳被罢官的主要原因是在一场司法案件中对被告判罪过轻。此事中章镳并未收取任何贿赂，只是因他心存因果报应之念而故意判轻。

三是对谋生路径的依赖。章学诚有自己的学术世界和精神追求，这一点是他比别人幸运的地方。拥有学术追求的人，不会把鸡蛋全部装在科举的篮子里。不走仕途，章学诚还是可以找到饭碗的，而且当时他已经通过讲学、修志等方法谋生多年了。父亲章镳被罢官后，也是靠着在各地讲学维持生活的。章学诚有学术能力，可以为人写作，靠赚取稿费度日，或者到大员府中成为幕客，从事文化工作。他之所以在各地游历，也与寻找文化项目有关。

　　章学诚的一生轨迹跨越南北，在应城、天门、大兴、定州、亳州、武昌等地都有过停留。他的一生始终为生计所迫，漂泊四海，虽少不了学术上的春风得意，但更多的是寄人篱下的辛酸。

一、南北应聘修志

　　史学活动类型多样，除国史外，地方志、家谱等相对微观的史学创作也是史学活动之一。章学诚找准了可以发挥能力的地方，即编修地方志。职业化修志是当时的一大创新，为像章学诚一样的有志之士提供了文化机会，他们可以参与修志活动，为社会作出贡献。从二十七岁到五十七岁，章学诚度过了整整三十年的修志生涯。

　　可以说，这条修志道路是父亲章镳为章学诚开辟的。乾隆二十九年（1764），父亲章镳受聘主编《天门县志》。章学诚也参与了编纂工作。二十七岁的章学诚已经有了自己明确的志向：

即便自己当不了流芳百世的名臣，也应退而求之，把他们的事迹记录下来，用文章评判他们的功过是非，以此为社会做出贡献。而编纂志书，就是实现该志向的方法之一。他还撰写了《修志十议呈天门胡明府》（简称《修志十议》）一文，对编修方志提出了十点系统看法。《修志十议》与两篇《答甄秀才论修志》成为这一时期最能代表章学诚史学思想的文章，他提出了一些重要的修志观点，例如"志乃史体"、"文选"与志相辅而行、"立志科"等，为日后修志理论的系统提出打下基础，开日后章学诚地方志编修事业之先河。

乾隆三十七年（1772），章学诚协助朱筠编修《顺天府志》。乾隆三十八年，章学诚经朱筠介绍，应和州知州刘长城的聘请主持编修《和州志》。这是章学诚首次独立运用自己的方志理论编修志书的实践，该志书体例包括纪、表、图、书、传，另作《和州文征》八卷，计奏议二卷、征述三卷、论著一卷、诗赋二卷。可惜书稿未及完成时，朱筠由安徽学政左迁四库全书处行走，新上任的安徽学政秦潮与章学诚意见不合，因而《和州志》终未付刊印。

乾隆四十二年（1777），主修《永清县志》。乾隆四十四年四月，完成了《永清县志》二十五卷、《永清文征》五卷。《永清文征》五卷，奏议、征实、论说、诗赋、金石各一卷。《永清县志》虽为早年之作，但距修《天门县志》已有十三年，章氏功力提升，"颇恨芜杂"，删定二十六篇，为《永清新志》十篇，"差觉峻洁"①，可惜此新志未见后世流传。

乾隆四十九年（1784），为永定河道陈琮撰《永定河志》二十卷，手稿保存在故宫博物院图书馆，今有学苑出版社2013年版。

乾隆五十四年（1789），章学诚应知州裴振之聘，编修《亳州志》，并很快完成了大半部书稿，可惜知州裴振于是年离任，《亳州志》未及刊刻就散佚了。章学诚对此志评价相当高："此志拟之于史，当与陈、范抗行。义例之精，则又《文史通义》中之最上乘也；世人忽近贵远，自不察耳。后世是非，终有定评，如有良史才出，读《亳志》而心知其意，不特方志奉为开山之祖，即史家得其一二精义，亦当尊为不祧之宗。此中自信颇真，言大，实非夸也。"②可惜不传于世。

地方志编修多为临时聘任制，可以为编者提供一笔酬劳，这为章学诚提供了施展拳脚的机会。在湖北，他又编修了好几部地方志。乾隆五十六年（1791），编修《麻城县志》。乾隆五十八年，参修《常德府志》《荆州府志》。其中，章学诚主编的《湖北通志》在方志领域影响最大，史学成就最高，此志全面体现了章氏方志学的理论体系，堪称其方志理论成熟阶段的代表作。但在《湖北通志》的编修中，他也遭到了很大的打击。《章学诚事略及遗书本末》中记载，章学诚在编修《湖北通志》时

① 《文史通义新编新注》外篇三《又与永清论文》，第728页。

② 《文史通义新编新注》外篇三《又与永清论文》，第728页。

展现出异于常人的史学天赋，发凡起例，推陈出新，令同事骇然。当时，方志名家胡虔（1753—1804）是章学诚的帮手，他年龄虽小于章氏，但与章氏学问相通，在编修上比他"慎密"，可弥补章氏不足，二人搭配较好。然而，章学诚学术个性过强，在主编过程中，与其他人相处得很不愉快，除胡虔外，将其他同事"一概以奴隶视之"[①]。碍于章学诚为项目发起人两湖总督毕沅所重，众人无可奈何，只能忍气吞声，唯唯听命，但并不真心相服。乾隆五十九年初，《湖北通志》成书后，毕沅前往天津入觐乾隆帝，归期未定，临行前将《湖北通志》一事托付给湖北巡抚惠龄，惠龄不喜欢章学诚的文章，自己又完全是方志外行，无法判断批评意见，竟赞同陈熷的说法，认为《湖北通志》一无是处，必须重修。陈熷受章学诚的举荐，承担校刊之任，想不到上任后忘恩负义，大驳《湖北通志》之不当，令章学诚十分气愤。正在此时，毕沅返回湖北，得知此事后，要求章学诚答复陈熷的"驳议"，章学诚于是一一回复，写成《驳议》一卷。不久，毕沅降职山东巡抚，章学诚完全失去学术靠山，不得不离开湖北。临行前将《湖北通志》的校订工作托付给陈诗，可惜后因人事变迁，此书未能刊行，后人只能从章学诚的部分存稿中一窥其貌。

章学诚编纂的方志作品有约十一种，主要有《天门县志》《永清县志》《和州志》《亳州志》《湖北通志》。梁启超称赞他

---

① 《蕉廊脞录》卷五《章学诚事略及遗书本末》，第159页。

的创作才能在《和州志》《亳州志》《永清县志》《湖北通志》中得到了充分体现。《章学诚遗书》收录了《湖北通志检存稿》四卷。《和州志》二十篇，《亳州志》仅存六篇，只有《永清县志》保存完好。《永清县志》，凡二纪（皇言纪、恩泽纪）、三表（职官表、选举表、士族表）、三图（舆地图、建置图、水道图）、六书（吏书、户书、礼书、兵书、刑书、工书）、一政略、十列传（第一龙敏列传，第二史天倪列传，第三史天安、史天祥列传，第四史天泽列传，第五杜时升、张思忠、郝彬列传，第六诸贾二张刘梁列传，第七义门列传，第八列女列传，第九阙访列传，第十前志列传）。[1] 目前有多种版本。后人评价"其结构森密，吐韵铿锵，曾推为畿辅冠，脍炙人口"[2]。此志虽非章学诚最得意之作，却是留存至今较完整的地方志之作，是最能全面体现章学诚方志学思想的一部志书。

二、十年讲学之路

在致力于修志事业的三十年中，章学诚逐渐走上了一条教学与学术结合的道路，这与书院制度在中国的发展密不可分。担任书院教职，可以有固定的收入。

从乾隆四十二年至乾隆五十三年（1777—1788），章学诚先

---

[1] 参见牛润珍：《章学诚与清乾隆〈永清县志〉》，《中国地方志》2000年第6期；稻叶一郎：《章学诚〈乾隆永清县志〉编修考》，载中国历史文献研究会编：《章学诚国际学术研讨会论文集》，北京图书馆出版社2004年版。

[2] 朱颐署签：《重刊永清县志》序，北京友文印刷局，民国33年版。

后主讲过定州定武书院、肥乡清漳书院、永平敬胜书院、保定莲池书院、归德文正书院。在书院从事讲习，不仅可保障日常生活的稳定，还可与师友广泛交游，方便章学诚更好地治学与编撰史志。

乾隆四十一年（1776），在朱筠的介绍下，章学诚前往曲阳拜访了当时担任"清苑县丞，署曲阳县事"的周震荣。两人相谈甚欢，结为深交。随后的一年，凭借周震荣在曲阳县的声望和人脉，章学诚获得了定武书院的讲席。在这里，章学诚为学子们制定了《教诸生识字训约》，并创作了《与定武书院诸及门书》。根据每位学生的不同情况，他量身定制了不同的发展要求，充分体现出因材施教的教学理念，取得了显著的教学成果。数月后，周震荣调任永清知县，章学诚受邀编写《永清县志》，完成后即告辞。

乾隆四十六年（1781）三月，章学诚在京城求职困难，前往河南寻求邵洪的帮助，却遭到冷遇。在自开封回京的途中，不幸遭遇强盗，失去了全部钱财和一生所著的著作文稿。无奈之下，章学诚仅穿着短葛衣，仓促投奔附近肥乡县同年张维祺。张维祺待章学诚甚厚，暂时将他安置在清漳书院担任院长，主持讲席，直到这年冬天离职。在清漳书院的时间虽短，但章学诚依旧尽心尽责，采用启发式教育，谆谆教诲。他拟定了《清漳书院会课策问》，向学生传达自己的教育理念。不同于传统私塾里规矩十足的老学究，章学诚主张以平等态度与学生相处，引导学生展开启发性探讨，鼓励学生积极提问，培养学生善于思考的能力。此外，他还指出学习不只是为了应试，更是为了获得真才实学，从而有一番作为。他鼓励学生扬长避短，选择最适合自己的、最有潜力的方向发展，即"即性之所近而用力之能勉者"①。

乾隆四十七年（1782），章学诚主讲敬胜书院，至乾隆四十八年冬离职。敬胜书院所在的卢龙县靠近山海关，位置偏远，交通不便。章学诚索性将全家迁到书院，一家人过起漂泊客游的困苦生活。初到敬胜书院，章学诚发现在读学生功底普遍较差，文章写得支离冗蔓，平日学习的教材很浅，学生读不懂稍微深奥一点的书，也没有学习的意愿。有上进心肯自觉学习的，"十中不二三焉"。在给友人的信中，他感叹"此间生徒，难与深言"②。针对这种情况，章学诚选取百余篇古代文学名篇，精心编写了一部教材《文学》。在书中，章学诚批评时下学子学风不正，整日揣摩八股格式，浮躁浅薄，不关注古文里蕴含的真知灼见。他强调，作文是自身学识的表现方式，而不是学习的目的，学习的目的是提升自身各方面的素养。到了七八月份，学生都外出应顺天乡试，章学诚得以专心从事学术研究。这段时间里，他补撰《文史通义》内篇《言公》三篇，以及《诗教》两篇等，共得十篇，合两万余字，论述了他对治学各个方面的看法。乾隆四十八年冬，章学诚离开了敬胜书院。

---

① 《文史通义新编新注》外篇一《通说为邱君题南乐官舍》，第495页。

② 《文史通义新编新注》外篇三《答周筤谷论课蒙书》，第732页。

乾隆四十九年（1784），直隶保定府莲池书院应乾隆十三年状元、时为东阁大学士兼户部尚书的章学诚同乡梁国治的推荐，聘请章学诚主讲。在章学诚所主讲的书院中，这里各方面的条件最为优越，他待的时间也最长。之前在定武、清漳、敬胜各书院讲学皆仅一两年就结束，唯独在莲池书院的讲学时间达三年之久，全家二十余口人也一同从卢龙迁至保定。在莲池书院，章学诚延续因材施教等教学理念。针对儿童的启蒙教育，他特地作《论课蒙学文法二十六通》，指导书院里的生员们教授童生的方法，指出当下儿童启蒙教育"必从时文入手"的方式存在巨大弊端，这种方法使儿童在启蒙阶段就被强制灌输科举应试的思想，从一开始就树立了读书为功名利禄的目标，而忽视了才能的真正提升。他进而提出了具体的教学方法，即从古文入手，先学经史，学习《左传》《史记》等经典，打好根基后再学习其他内容。乾隆五十二年春，梁国治去世，章学诚失去依靠，遭受排挤，无奈辞去了莲池书院的讲席。

三、晚居塔山渮云山房

自父亲章镳找了绍兴城中大家族史氏的女儿为妻，章学诚一家就迁至会稽县善法弄（今绍兴市越城区解放路东侧大禅法弄）。章学诚弟子史致光家就在附近，他是章镳岳父家族的子孙。善法弄，当地人称为前街，从行政区划来说，应属会稽县。章氏一家的这个旧居原是自购的，然而自乾隆十六年（1751）全家迁居应城以后，路上花销不断，此屋可能被出售了。

　　章学诚于乾隆三十七年（1772）《上慕堂光禄书》中有一句话："前返浙东，卜居城南琵琶山下，山水清绝，有水田竹林瓜园共数亩，鱼蔬粳酒所出，足给十口之家。老屋二十余间，去城市八九里许，缘僻处寡邻，业者贱售之，已竭蹶称贷购得矣。"①这封信是后出的，胡适写《章实斋先生年谱》时未关注到此篇。后此信虽被收入了《文史通义新编》，但多数人没有关注到这句话中隐藏的历史信息。"琵琶山"，简称琶山，在今绍兴市越城区坡塘江西侧。据此信可知，在距离城南八九里的郊外琵琶山下，章学诚购置了老屋二十余间。因为住所比较偏远，邻居也少，原来的房屋主人便以贱价出售。章学诚竭尽全力借贷了一笔钱，购得此屋。山水清绝，有水田竹林瓜园共数亩。若再购上十亩耕地，积累一二百金，则可用于投资，还可用来孝敬老母亲。不得意时还可以回家著书，过上悠闲的退休生活。看了这段话，读者可以看出章学诚颇有些"采菊东篱下，悠然见南山"的理想主义。

　　他为什么想到在城南郊区购房？从乾隆三十八年（1773）《与严冬友侍读》的内容来看，章学诚有回绍兴之意，于是委托严氏谋职，"朱先生为谋西山卜筑……意欲春夏山居务农，秋冬入都讲肆，闲居奉母，何必潘生"②。显然，老师朱筠在北京西山卜筑的做法，影响了章学诚。不过，从已有资料来看，没有

---

① 《文史通义新编新注》外篇三《上慕堂光禄书》，第661页。

② 《文史通义新编新注》外篇三《与严冬友侍读》，第707页。

章氏一家住琵琶山居的记录，应是中途出售了。

乾隆五十八年（1793），章学诚将家眷从亳州迁回绍兴山阴县塔山下。嘉庆二年（1797），章学诚到安庆及桐城，看望老朋友左良宇、胡雒君。"居数月，纵观龙眠之山水，顾而乐之，将有终焉之志，遂回绍兴，卜居于塔山之下。"①这是确定章学诚晚年居所的直接依据。《瀓云山房乙卯藏书目记》中有"四十余年远道归来，茸居，仅足容身"②之语。"余家无楼阁"，"矮屋连栋"，图书安置以后，剩余空间很小，家具都放不下了，"仅足容身"。由此可知，此处肯定不是原先在琵琶山下购置的房屋了。

现在的章学诚故居位于辛弄，在后街（今绍兴市解放南路西侧），那里有"章界"。大禅法弄与辛弄是直线距离，中间就隔了一条府河，今日又有解放南路，彼此相距不远，才五百多米。选择居塔山之下，大概与章学诚晚年喜山水有关。

章学诚曾自称"四十五年不家居，二十年不践乡地"③。少小离家老大回，青瓦白墙未曾改，故人却已难寻。时过境迁，物是人非，自己也已两鬓斑白，早就过了知天命的年纪。一直伴随在章学诚身边的，唯有藏书。正如他《瀓云山房乙卯藏书目记》中所写的，这些年来历经崎岖险阻，颠倒狼狈，"极人世可悲可愕之境，非一日矣"，这些藏书"亦如余身"，伴随着自

---

① 汪辉祖：《梦痕录余》，道光三十年刻本，第57页。

② 《章学诚遗书》卷二二《瀓云山房乙卯藏书目记》，第219页。

③ 《章学诚遗书》卷二八《跋甲乙剩稿》，第319页。

己"驰驱南北，登涉水陆"，不知何日才能被安稳置于阁书架。但即使遥遥无期，遇春秋佳日，于明窗净几之间，随意翻阅这些书籍，"发千古之秘珍，快心知于独对也"①，亦是人生一大快事。

此后几年，为《史籍考》的续编，也为寻找一份工作糊口，章学诚多次离开会稽，在江、浙、皖三处近省游幕，再次踏上了四处奔波的道路。嘉庆元年（1796）年底，章学诚抵达安庆，投奔朱筠之弟、时任安徽巡抚的朱珪。在安徽，章学诚结识了一些名士与官员，作《与孙渊如观察论学十规》《陈东浦方伯诗序》等文章，还曾在桐城为沈知府校阅府试试卷。嘉庆二年五月，章学诚赴扬州投奔盐运使曾燠，拜访王昶，又在苏州与钱大昕会面。随后，章学诚又到安庆及桐城。岁末，返回绍兴。这年章学诚六十岁，仍在各地奔波，为《史籍考》的编撰奔走呼号，向恩师友人、地方大员投去的求助信件也未曾中断。

嘉庆四年（1799），章学诚回到家中，安心住下，不再离开绍兴。嘉庆五年，由于贫病交加，营养不良，章学诚身体很不好，双目失明，两耳重听，但仍未停止创作，《浙东学术》《邵与桐别传》等篇都是在这一年以口述方式成稿的。当年邵晋涵称"实斋古文，根深实茂"，他"重自爱惜，从无徇人牵率之作"②，

① 《章学诚遗书》卷二二《瀚云山房乙卯藏书目记》，第219页。
② 《梦痕录余》，第57页。

一生积累的"文稿盈箧"。章学诚知道自己身体不行，便"倩写官"做作品的抄写定稿工作。作为史家，他喜欢按成稿时间编排文集。所以，此时的录草，完全是按平时的习惯排列的。

嘉庆六年（1801），为汪辉祖作《汪焕曾豫室志铭》，为绝笔之作。"中有数字未安，邮筒往返，商榷再三"[1]，可见章学诚做事之严谨。十一月，便离开了人世，享年六十四岁。学术生产骤然停止，《文史通义》遂成未竟之作，这是后世的一大损失。

章学诚逝世后，与其妻俞氏、妾曾氏合葬于山阴县的方坞，即今浙江省绍兴市柯桥区福全街道下辖村锦坞村章家田头，属绍兴城西。妾蔡氏则分葬于会稽县的泾口。方坞墓址占地两亩余，东南向，墓平面呈圆形，四周以块石砌垒。到民国时期，知道章氏坟墓的人就很少了。1933年春，陶存煦到会稽道墟乡寻访章学诚墓址，后突患脑膜炎，于同年7月18日骤然离世，年仅20岁。去世前，他自撰挽联"死生原本一理，但浙东坠绪茫茫，孰继吾业"，深以"浙东学术"后继无人为憾。章氏墓毁于20世纪60年代，今不存。

2001年底，在蔡元培纪念馆原馆长章大国带领下，仓修良先生及韩国学者崔秉洙访问了章学诚故居，并得知其址即将拆迁。经仓修良先生呼吁，2002年8月，绍兴市政府将章学诚故居定为绍兴市文保单位。2003年，章学诚故居得以修缮开放，

---

[1] 《梦痕录余》，第57页。

同时召开了章学诚国际学术研讨会。2023 年，改名章学诚方志馆，与越城区方志馆、绍兴市方志馆和方志文化公园（塔山公园）共同打造"三馆一园"，成为全国方志文化宣教基地。章学诚故居是如何确定的？经笔者再三询问，绍兴文史研究馆副馆长任桂全与章大国先生给出了解释，主要有两条：一是章学诚自称"卜居于塔山之下"。二是此处有"章界"碑。至于此处何以没有章学诚后裔居住，章大国先生的解释是，后裔太穷，城内生活不下去时，就重新回归道墟生活。

四、章学诚后裔的调查

章学诚有五个儿子。长子章贻选，字杼思，为妻俞氏所生。他参加顺天府乡试，获得举人出身。以讲学为生，生活困苦，甚至要靠二弟接济，道光十年（1830）回到故乡定居。王宗炎完成对章学诚遗稿的整理后，章贻选索回章学诚的原稿以及王宗炎整理的目录、副本。

次子章华绂，字授史，又字绪迁，为妻俞氏所生。章华绂于道光七年（1827）前后在河南巡抚幕府中任职，是章学诚五个儿子中条件最好的。他生活压力小，手有余资，又有心保留父亲的学术成果，在道光六年就从大哥章贻选处要来父亲的著作全稿以及王宗炎的整理目录，抄录了十六册副本，但尚未录完，较早出版《文史通义》。他有昕、景、炳、琅四个儿子。昕，无子。景，早逝。炳，有子章坦，游幕山东，失联。琅，无子，以毓秀儿子宝真为兼祧。

第三子章华绶，为姜蔡氏所生，过继给了章学诚的从兄垣业。

第四子章华练，字祖泉，号仍湖，为姜曾氏所生。流寓河南邓州。从二哥章华绶处骗取父亲全部原稿后，并没有刊刻，反而把这些文稿视为自己的资产。道光十年（1830），他失去了邓州讲学的教职，从此再无记录，章学诚的原稿也随之下落不明。此支失联。

第五子章华纪，字竹书，号竹史，为姜曾氏所生。葬会稽泾口鱼市头（今属绍兴市越城区陶堰街道），在道墟南边六里，并没有与父母葬一处。因当时章氏一门在道墟有祖产，章华纪可能是回归道墟故乡居住的。

由以上情况可知，章学诚虽有五个儿子，但多数迁居外地。在绍兴城内的，主要是第五子华纪一支。

第三代中，第五子章华纪之子章启昆在咸丰初年游幕于开封、商丘，曾印"大梁本"《文史通义》数十册分赠友人。咸丰末，"大梁本"的书版在战火中损毁。经考，章启昆葬于山阴方坞，说明这支仍居绍兴城内。

第四代章季真，为启昆子，兼祧章贻选之子章汝麟为子。因军功保举知府，后补用同知。章季真在贵州提刑按察司府为幕客。光绪三年（1877），他按"大梁本"重刻《文史通义》，次年刊行，也就是"黔本"，或称"贵阳本"。

第五代为章季真之子章仪隆、章仪文、章仪清。

第六代为章邦杰、章廷杰，为章仪文之子。

从光绪《偁山章氏家乘》来看，章学诚后六代子孙的名字均有记录，说明彼此之间尚有联系。章学诚后裔中稍有能力者均在外为师爷，这些人反而容易失联。光绪二十二年（1896）以后，道墟章氏未再续修家谱，民国以后的后裔情况尚处于模糊状态。

有关20世纪50年代后的章学诚后裔，目前有两个说法：一是仓修良先生调查到的章稷人可能是第七代后裔。章稷人（1898—1968），后改名计人，早年居道墟，后来外出谋生，1949年以后居绍兴城。第八代是章大国，原杭州大学历史系1977级毕业生，以绍兴蔡元培纪念馆馆长的身份退休。据章大国先生介绍，1958年时，仓修良先生曾调查过章学诚后裔情况，知道有一个后裔叫章稷人。当年章大国进杭州大学历史系读书时，仓修良曾询问章大国认识此人否。章大国回：正是家父。此后，仓修良先生便一直将章大国认定为章学诚后裔。笔者进一步询问章大国爷爷的名字，得知章大国父亲过世时，他才十岁，不知道爷爷的名字，故而无法与家谱接上线。因而此说法尚待进一步求证。

二是俞佐萍研究员了解到的章学诚后裔，逝于1948年冬至1949年春期间。此人据说为原杭州大学员工，夫妻饿死，无后。但不得其名，不见于《俪山章氏家乘》。考虑到1896年以后章学诚不少子孙名字多未出现于家谱，这种现象也是正常的。

章氏卒后，五个儿子连一篇行状都未留下。因为儿子们没有提供行状，章学诚的好友王宗炎、汪辉祖等人以及章学诚的学生们也没法给章学诚作墓志铭、别传、小传。

一、师友启导与学术转型

章学诚一生的史学研究，遵循了编修实践—史学史—史学理论的基本路径。

章学诚的史学入门时期，大致是在十五岁至二十九岁间，这一时期的学术路径呈现出由史学实践转向理论反思的特征。章学诚早年即有志进行国史编修，十五六岁时曾尝试自编《东周书》，有敢于实践的精神。二十七岁始，随父亲编地方志，积累史学操作经验。国史没有机会上手，地方志编修倒有了实践的机会。丰富的史学实践经验，使得章学诚开始深入探索史学理论。自二十二岁至二十九岁，他泛览群书，搭建知识体系，批判性地继承前人的编纂方法。章学诚早年就关注到了正史的体例得失，"尝以二十一家义例不纯，体要多舛，故欲遍察其中得失利病，约为科律，作书数篇，讨论笔削大旨"①。这是一种史学作品结构分析法，是史著编纂规律研究，属于历史编纂学研究。

二十九岁至三十五岁，章学诚受到朱筠、戴震等师友的影响，完成史学方法的转型，这一时期他治学的特点是由空谈义理到重视实证，再到义理与实证并重、结合。乾隆三十年（1765），章学诚返回京师国子监，三应顺天乡试，得到主考官沈业富的欣赏。通过沈业富的引荐，他拜师翰林院编修朱筠。朱筠的祖籍是浙江萧山，自祖辈始入籍顺天府大兴县。萧山在当时属绍兴府，所以朱筠和章学诚也可算作同府邻县老乡。朱筠是当时北京城内声望极高的学者，与张曾敞、翁方纲、沈业富被并称为"四金刚"。他喜欢奖掖后进，故在他周围集结了一大批学者。朱筠一见章学诚，即"许以千古"，非常赏识章学诚的才华，章学诚从此在学术和生活上都颇受朱筠的帮助。乾隆三十一年，章学诚因生活困苦，直接寄居于朱筠家中，住在日南坊李铁拐斜街北的撷英书屋。朱筠声名在外，家中经常高朋满座，各类名流往来不绝。频繁的学术交流使章学诚打开了视野，结交了一些有真知灼见的朋友，学术上大有长进，在京城学术界逐渐打响了名号。朱筠是实学人物，提倡"学者先求征实，后议扩充"②，这给章学诚以深刻的影响。章学诚早期的写

---

① 《文史通义新编新注》外篇三《与族孙汝楠论学书》，第802页。

② 《文史通义新编新注》外篇三《与族孙汝楠论学书》，第801页。

作特点是通过思考直接表达自己的观点。与朱筠等京城学人交往以后，又学会了实证。实证的方式有二：一是譬喻式，借用生活世界的相关现象来说明自己的理念；二是借助文本世界，引经据典。如此，章学诚的写作特点也就实现了由思想向学术的转型。

乾隆三十一年（1766）春夏间，在郑虎文的引荐下，他还专程到北京的新安会馆，拜访了当时大名鼎鼎的学者戴震。通过当面交流，发现戴震主张先识字后明义理，考据是为义理服务的，明道才是终极目标。这是戴震晚年所达到的思考境界。"这一印证对实斋极具鼓励作用，使他有勇气重新肯定自己在学问上所一向坚持的义理方向。"[1]这表现为，参照戴震通过"经学训诂"明理之路，章学诚逐步确立了通过"文史校雠"明理之路。不用走考据学之路，通过"文史校雠"也可明理，章学诚由此获得了学术道路自信。所以，章学诚能理解戴震，称"戴君学问，深见古人大体，不愧一代巨儒"[2]。"近日言学问者，戴东原氏实为之最。以其实有见于古人大体，非徒矜考订而求博雅也。"[3]时人将他当作普通的考据学家，而忽略了戴氏的终极目标。"戴君所学，深通训诂，究于名物制度，而得其所

---

① 余英时：《论戴震与章学诚：清代中期学术思想史研究》，生活·读书·新知三联书店2012年版，第17页。

② 《文史通义新编新注》内篇二《书〈朱陆〉篇后》，第132页。

③ 《文史通义新编新注》外篇三《又与正甫论文》，第808页。

以然，将以明道也。"①当然，他们所明的理显然不同，戴震的"天理"是天然的、自然而然的道理②，章学诚则更进一步，明的是历史哲学之理。

三十五岁左右，章学诚逐渐进入学术成熟阶段，在史学实践中进一步丰富创新自身的史学理论。因方志编修涉及艺文志，便开始关注艺文志，并涉猎目录校雠学。三十岁，参与修纂《国子监志》。三十五岁，适遇《四库全书》编修，进而关注学术源流与作品体裁，进入文史评论领域。同年，开始撰写《文史通义》，标志着他学术思想的成熟。章学诚一直在文本世界活动，他是如何从文本世界跳出来进入生活世界进行宏观考察的？编修地方志、参与修纂《续通典》促使其将理论与实际结合。从宏观学术路径来看，学问虽有三途，同志于学，方志、校雠、文史、古文互相助益，最后上升到史学理论境界。三十五岁至四十五岁，这是章学诚人生的第三个阶段。

乾隆四十六年（1781），章学诚在河南遇盗，四十四岁前的稿子失传，后来只补抄了十分之四五。现存的多是他四十五岁及以后的作品。此后，章学诚逐渐进入著述的高峰期，也进入了思想升华阶段。四十五岁至五十一岁，他校雠典籍而见道器之别。五十一岁至六十四岁，又由文史之学而入良知之教。在生命的最后，意识到浙东学术与史学的紧密关系，作出总结：

---

① 《文史通义新编新注》内篇二《书〈朱陆〉篇后》，第132页。

② 欧阳祯人：《戴震：中国文化现代转型的先行者》，《光明日报》2007年2月16日。

"浙东之学，言性命者必究于史。"

《校雠通义》《史籍考》《文史通义》是章学诚一生中最具代表性的学术成果，《校雠通义》成书最早，《史籍考》的编修则历尽坎坷。而虽然章氏早有创作《文史通义》的想法，但一些重要篇目始终未能见世，直到其逝世，也未能按原定计划成书。这三部书创作历程各有不同，放在一起，便能体现出章学诚学术思想不断升华的过程，呈现出一条义理与考证不断结合的学术脉络。

二、早成《校雠通义》

章氏曾自谓读书"惟于古今著术渊源、文章流别殚心者，盖有日矣"①。所谓校雠，就是作品形态的学术史梳理。他治"汉志""隋志"等目录学作品，都是从学术史角度入手的。

《校雠通义》最早称《校雠略》。《校雠略》分上、中、下三篇。章学诚原想将《校雠略》放入《文史通义》外篇，但在创作过程中，他思如泉涌，不断产出新的内容与观点，以至于最终篇幅过长，于是干脆单独成书，由"略"转为"通义"，专谈校雠之事。书中的许多重要见解都与《文史通义》互为补充。此书初撰成于乾隆四十四年（1779），共四卷。乾隆四十六年春，章学诚在河南遇盗，《校雠通义》的原稿也被抢走。前三卷友人存有抄本，但第四卷已不可得了。乾隆五十三年，章学诚

---

① 《文史通义新编新注》外篇三《上晓徵学士书》，第648页。

亲自校正改定散落在友人各处的副本，成现今通行的三卷本。卷一共九篇文章，详细论述了校雠学的源流、发展历程，以及具体的理论与方法。卷二共三篇，卷三共六篇，这两卷的内容都是针对《汉书·艺文志》的内容，具体阐述校雠学上的图书分类与著录等问题。《章学诚遗书》中收录的《校雠通义》共有四卷，前三卷为章学诚原稿，但卷四内容多为序跋书简之类，在内容上与校雠主题毫不相关，为后人牵强凑成之卷。

章学诚著此书的目的，是所谓"宗刘，补郑，正俗"①。"宗刘"，即以刘向、刘歆父子的《七略》为宗；"补郑"，即对郑樵的《通志·校雠略》进行查缺补正；"正俗"，就是匡正不良学风，纠正以往校雠学的错误观点。在《校雠通义·自序》中，章学诚首次明确提出校雠学的使命是通过"辨章学术，考镜源流"，达到"宣明大道"的目的。"辨章学术，考镜源流"，就是考证辨明各类学术的源流，通过对历代的各种典籍进行整理、归纳、分类、校勘，总结出纲领式文章，清晰地展现学术发展脉络，为今后的学术研究提供基础。有了对于学术在"面"上的框架性认识，便可以针对其中的"点"进行深入研究。"宣明大道"，就是将校雠学术与社会思考结合起来，这与他经世致用的学术主张一脉相承。章学诚批驳当时学人为了考证而考证的错误学风，呼吁学术成果不能被束之高阁，必须发挥社会作用，通过学术研究去探求人类世界的"大道"。

---

① 《章学诚评传》，第99页。

在这样的思想指导下，章学诚在目录、校勘、版本等方面，都提出了许多创新性的理论和方法，比如强调序言和提要的重要性、针对图书分类著录提出具体的互著与别裁的方法、提出"嫌名著录法"、提倡先作考证长编再作各类索引的步骤、提出依书籍之韵编排主题索引的方式、具体说明了采辑补缀的方法、呼吁由政府组织人员收集书籍、强调校对过程中将不同版本对照的重要性等，大大丰富和发展了古代校雠学理论。章学诚曾在家书中略带得意地告诉儿子，他在此书中提出的史学义例、校雠心法都是前人没有触及的，甚至很多的概念名称都是自己首创的，即"皆前人从未言及，亦未有可以标著之名"①。《校雠通义》堪称一部集校雠学之大成的著作，对中国近现代校雠学理论和方法的形成与建立产生了重大的影响。即使放在今天，也是图书馆学、校雠目录学和文献学工作者必读的重要参考书。

通过《校雠通义》的创作，章学诚大大提升了考证校雠的功夫，夯实了做学问的基本功。创作《校雠通义》是章学诚学术生涯的可贵探索。此时，他已具备了坚实稳固的学术基础，进而可以向更高阶段的义理探索迈进。

三、中作《史籍考》

《史籍考》的编纂理念承朱彝尊《经义考》而来。《经义考》成于康熙年间，于乾隆二十年（1755）全部刊刻完成。《史

---

① 《文史通义新编新注》外篇三《家书二》，第818页。

籍考》的成书背景是《四库全书》的编修。乾隆三十七年十一月，安徽学政朱筠提出《永乐大典》的辑佚问题，得到乾隆皇帝的认可，诏令开始《四库全书》的编纂。章学诚受此影响，就想编纂一部《史籍考》。这样庞大的文化工程，他本人自然没有力量，须借助官员的力量来完成。据最新研究，章学诚是《史籍考》编纂的最初提出者与设计者。乾隆四十七年，他代永清知县周震荣拟写了《上李观察书》，给时任通永兵备道李调元。《上李观察书》对《史籍考》的编撰体例、大致结构及各部分内容的处理做了较为全面的阐述。可惜，李调元随后获罪落职，无暇无力顾及此事，《史籍考》的编纂遂作罢。①

《史籍考》就是对过去史籍的考辨，在编修中，章学诚通过大量实践，突破了自己在编纂《校雠通义》阶段的学术水平，对史学义理的认识进一步提升，也为《文史通义》的创作提供了基础和灵感。在《论修〈史籍考〉要略》中，章学诚详细阐述了该书的编纂目的、意义、原则与搜集范围。校雠著录，自古为难，就连正史中，也少有整理典籍目录的。史志篇幅有限，仅仅记载书籍的名目分类，不免出现错误。官方疏于整理著作目录，私家记载也不多见，且记载书籍的数目往往不全，不能让读者悉览无遗。朱彝尊曾作《经义考》，考证历代经籍存佚，搜罗广博，考证赅洽，无奈以一人之力不能兼尽浩繁史籍。章

① 李金华：《章学诚与〈史籍考〉编纂新论》，《南开学报（哲学社会科学版）》2023年第4期。

学诚意图仿朱氏作《经义考》之法，并加以创新，使典籍书目清晰可查。在文中，章学诚提出了十五点具体的编纂原则，仿朱氏《经义考》分类方法，提出《史籍考》应收录存、轶、阙与未见四大门类，几乎涵盖了书籍的全部种类。可见，章学诚对《史籍考》的预期很高，其编撰规模较方志更为浩大，计划收录从古至今的全部典籍。编撰规模如此庞大，只靠章学诚一人是无法完成的，必须要有团队协助。在此书艰难曲折的编撰过程中，毕沅首先发挥了至为关键的作用。

乾隆五十二年（1787），章学诚以周震荣作为引荐人，称其为《史籍考》的最初提议者，投奔时任河南巡抚的毕沅。毕沅在学林素有人望，礼贤下士，广揽学人。晤谈后，章学诚作前述所提《论修〈史籍考〉要略》，详细阐述了修书缘由及编撰体例。此行非常顺利，毕沅决定邀请章学诚编修《史籍考》，于是次年二月章学诚前往归德，主持《史籍考》编纂工作，并主讲文正书院。文正书院尚未招收学生，故章学诚虽名为主讲，但实际并无教学任务，颇为空闲，可以将主要精力放在《史籍考》的创作上。《史籍考》的编撰工程分两处办公，章学诚在归德负责主持全局，其余人员在毕沅开封幕府处。章学诚常常与开封的编撰人员沟通编撰事宜，还常与在北京的邵晋涵、孙星衍、章宗源等友人互通信件，交流编纂心得。

编撰工作刚刚开展半年，章学诚以为终于可以短暂稳定下来，专心推进文史校雠事业，不料变故再次发生。乾隆五十三年（1788），毕沅升任湖广总督，事务繁忙，无暇顾及文事，修撰工作被迫停止，章学诚也失去了文正书院的教职，不得不另谋生计。同年冬，章学诚举家移至安徽亳州，投靠知州裴振，同时寻些编撰宗谱的工作过活。次年秋冬，裴振请章学诚修编《亳州志》，章学诚欣然接受。

乾隆五十五年（1790）三月，章学诚再度前往湖北武昌毕沅处，重新主持编修《史籍考》。此后五年，章学诚一直在武昌编纂《史籍考》。此外，还参与了毕沅主持的《续资治通鉴》编撰工作。

乾隆五十九年（1794），毕沅降补山东巡抚，章学诚也不得不离开湖北，并没有完成《史籍考》的全部编修工作。之后几年，由于起义不断，毕沅职位变动频频，也无暇顾及编书一事。嘉庆二年（1797），毕沅病死于军营。

章学诚遂只能转向其他大员求助。通过他的不懈努力，嘉庆三年（1798），在胡虔、朱珪、阮元等人的推荐下，时任浙江布政使的谢启昆邀请章学诚到杭州重新开始《史籍考》编修。得益于杭州文献资源丰富，文澜阁有《四库全书》方便查阅，第二次续撰比前一次规模更大，一年多的时间里，初稿由一百卷增加到三百二十三卷。《史籍考》的体例也发生了很大变化，比如为避免繁琐，使分类更合理化，将原本的一百一十二子目改为十二纲五十七目。此次续修的《史籍考》内容依旧包罗万象，史稿、小说、蒙求等门也收入书中，充分反映了他"盈天地间，凡涉著作之林，皆是史学"①的观点。这是章学诚在史部目录学领域的首创之举，扩大了史学的研究范围。章学诚还首创暗分子目的方法，使分类更加合理。

章学诚原本寄希望于在杭州完成《史籍考》，但后与谢启昆在编修意见、人际关系上产生不和，只得分手。"浙中当道，好事有余，而解囊多涩。……故办事不如秋帆先生爽快。"②章学诚心灰意冷，郁郁不得志，于嘉庆三年（1798）冬离开了杭州，把《史籍考》的工作留给了谢启昆。次年十月，毕沅由于曾巴结和珅，被处籍没，革世职。谢启昆为避嫌，不再续修《史籍考》，第三次修撰《史籍考》仅维持一年多就中断了。晚年的心血最后落此结局，章学诚心中的郁结可想而知。更令他气愤的是，他携毕沅稿转投谢启昆处求助续编之举，被人诋毁为"负生死之谊，盗卖毕公《史考》"③，他也被一些学人视为卑劣小人。虽然章学诚在《又与朱少白》一信中对流言进行了全面驳斥，但整件事情错综复杂，实情非外人所能知晓，加之当时消息流通也不像今天这样方便，辟谣非常困难，许多人依旧相信章学诚盗卖了学术成果。章学诚深受打击，从此几乎不再提及《史籍考》。

道光二十六年（1846），南河总督潘锡恩在毕、谢原稿的基础上，再次增订《史籍考》，两年后完成清本三百卷，但未刊

① 《文史通义新编新注》外篇三《报孙渊如书》，第722页。

② 《文史通义新编新注》外篇三《又上朱大司马书》，第766页。

③ 《文史通义新编新注》外篇三《又与朱少白》，第775页。

刻。咸丰六年（1856），《史籍考》三稿都在战火中被烧毁。今有《史考摘录》一篇，附录于《章学诚遗书》。

《史籍考》编修历经曲折，前后跨越六十余年，汇聚了众多学者的智慧与努力，最终不幸消失于战火。今人只能从《章学诚遗书》中的《论修〈史籍考〉要略》《史考释例》《史籍考总目》等零星残篇中，想象这部浓缩了章学诚晚年大半心血的目录学巨著的全貌，这实在是文化史上的一大损失！章学诚一直过度依赖地方大员的个人支持，也受到他们仕途升降的制约。当时若有专项基金的支持，如章学诚这样的学者便可专心致志、不受约束地独立完成学术创作。

根据章学诚《论修〈史籍考〉要略》的设想，《史籍考》是一部通贯古今的史部资源汇编，既将经部、子部、集部之中记述历史者揽入，也将已佚史书列入考录的范围，还要采择或摘录史书已有的评介资料，即各部史籍的序论题跋。《史籍考》是专题的分类提要，且有序跋资料，可被认为开中国史学史资料长编编修之先河。再结合他的设"史官传"理念，一部中国史学史长编的轮廓就更加清晰了。

四、编刊《文史通义》

《文史通义》的创作几乎贯穿了章学诚的后半生。乾隆三十七年（1772），章学诚明确表示已经开始《文史通义》的创作。在《上晓徵学士书》中，章学诚雄心勃勃地宣布，自己"拟为

《文史通义》一书，分内、外、杂篇，成一家言"①，可见其抱负之宏伟。

《文史通义》应是一部仿《史通》而编的、有一定体系的、能成一家之言的文集汇编。《史通》分内、外篇，篇下分目，可称为"篇目体"。今《文史通义》通行本分内、外篇，篇下复分几篇，每篇下再分目，增加了一个逻辑层次，可被认为是"篇卷目体"。每篇分成数小篇，引入序数词，各小篇近于后世的"章"。各目没有序数词，这是古代论集没有突破之处。多了序数词，有了层次，逻辑才可搭建起来，这是古今著作不同之处。

从章学诚的设想看，由杂篇、外篇到内篇的过程，可以理解为由散而整的过程。内篇是主体，各篇文章以二字为题，十分整齐。从内容上看，也更为体系化、理论化。可惜，章学诚一生颠沛流离，为生计所困，无法将所有精力投入《文史通义》创作，只能利用少有的空闲时间研究撰写。直至嘉庆六年（1801）去世，原本计划撰写的数篇重要文章都仍未完成。所以，此书撰述虽跨越近三十年之久，但实际上还未完成。今人所见之《文史通义》有缺，实在是一大憾事。

章学诚希望从更高层面来思考史义，也就是从历史哲学层面进行思考。而唯有由生活世界到文本世界，复由文本世界到生活世界的思考，才能突破传统文献世界的束缚。章学诚直接

① 《文史通义新编新注》外篇三《上晓徵学士书》，第649页。《文史通义》具体篇目设置尚不明确。章学诚原意分内、外、杂篇，然而，由于实际刊刻有异，今通行本只见内、外篇之分。

从天人角度来思考历史的发展线索，"典籍淹贯，经史豁然，洞究本原，特著是书。意欲力挽颓，网罗放失。每竖一义，独开生面，前无古人，后无来者"[1]。这种研究路径，近于今日的学术史及学术理论研究。书中"史学义例，校雠心法，则皆前人从未言及"[2]，"其于古今学术，未必稍无裨补"[3]。

五、遗著的刊刻与传播

学术水平再高，如果无人问津，也就失去了价值。在古代，著作刊刻是学术传播的重要途径。根据今日学者对章学诚遗著刊刻情况的已有研究，本部分聚焦《文史通义》《章氏遗书》以及部分散落在友人处的章学诚文稿副本的整理、流传、刊刻情况。

（一）生前自刻与早期存稿

章学诚将宏观理论思考的精华集中于《文史通义》，近于今日学人的论文集。嘉庆元年（1796），章学诚曾选取二十多篇文章，分成内篇、外篇、杂篇、杂著四类，刊刻于世，这就是《文史通义》最初的自刻本，现已散佚。据学者研究，这些内容散见于"大梁本"中。嘉庆三年，又有《姑孰夏课甲编》《姑孰夏课乙编》。

---

[1] 伍崇曜：《〈文史通义〉跋》，载《章学诚遗书》附录，第622页。

[2] 《文史通义新编新注》外篇三《家书二》，第818页。

[3] 《文史通义新编新注》外篇三《上梁相公书》，第791页。

自河南遇盗以来，他一直非常注重对自己文稿的保存，常常将文稿复录后寄给友人，为的是既可以交流思想，又可以保存书稿。论保存的书稿数量，周永清、史余村最多，朱锡庚次之。现存朱锡庚抄本《章氏遗著》五册。嘉庆五年（1800），章学诚眼不能看，耳不能听，已没有能力自己整理手稿。明代以来，全集的编排主要有两大类型，或按时间顺序编，或按主题编。他生前设定了前一种模式，但后来改变了主意，让朋友王宗炎按后一种分类原则来排列。

（二）王宗炎与十万卷楼本

王宗炎整理的章学诚遗稿又称十万卷楼本。王宗炎死后，十万卷楼由其子王端履继承。根据王宗炎的《章氏遗书目录》，他将章学诚遗稿分为三部分，共三十卷：《文史通义》内外篇，凡九卷；《文集》内外篇，凡八卷；《湖北通志检存稿》，凡四卷；等等。此编排打破作者原定的时序结构，将《文史通义》作为核心模块嵌入全集体系。至道光六年（1826）去世，王宗炎花了二十五年的时间完成了对章学诚遗稿的整理。现国家图书馆藏有十万卷楼本《章学诚全集》，五种十八卷。

（三）家族整理与大梁本

道光十二年（1832），经章学诚次子章华绂重新删减修订、校编刊刻后，《文史通义》有了最早的翻刻本，首刻于开封，故称为"大梁本"。其中收录了章学诚原稿中的十一册内容，包括

《文史通义·内外篇》八卷、《校雠通义》三卷。刻印完成后，两套底板都存于绍兴。咸丰初，章学诚之孙章启昆曾重印几十册，赠予河南学人官绅。咸丰十一年（1861），太平军入绍兴，"大梁本"的两套底板都有损毁。以"大梁本"为底本的《文史通义》多有翻刻出版。有咸丰元年《粤雅堂丛书》版本、同治十二年（1873）谭献浙江书局本、光绪三年（1877）章季真"贵阳本"等。

（四）抄本扩散与版本分化

道光六年（1826），王宗炎去世前将手头的章学诚原稿归还章学诚长子章贻选，之后，绍兴著名藏书家沈复灿主动联系章贻选，希望能够抄录一份遗稿，此即鸣野山房抄本《章氏遗书》。据《章学诚著述稿抄本研究》，沈复灿鸣野山房抄本按创作时间、地点、文体等标准排列文章，是按年编的草册。鸣野山房抄本递经章寿康、吴申甫、周莱仙、萧穆、沈曾植、陈群等人之手。陈群卒后，此本归南京国立中央图书馆，今藏于台湾汉学研究中心。

道光二十九年（1849），沈复灿将鸣野山房抄本《章氏遗书》出售给绍兴西街杨鼎重远堂。平步青在重远堂意外发现沈本，随即向杨鼎借来，取其中《文史通义》《校雠通义》及王宗炎编定的《章氏遗书目录》，仔细检查校勘，得文二百三十五篇，自述"为之狂喜"。平步青将所得篇目，依据《章氏遗书目录》中的安排，编成四册，另外又将王宗炎的十万卷楼本编为五册，附录在后，此本即所谓"潇雪氏抄本"。今存国家图书馆。

（五）嘉业堂本之集大成与当代定型

光绪六年（1880），章善庆从绍兴味经堂书坊购得了沈复灿卖与杨鼎重远堂的鸣野山房本《章氏遗书》。章善庆将沈本带到上海，介绍给兄章寿康、朋友萧穆等人，由此鸣野山房抄本《章氏遗书》得以突破绍兴地方圈子，被更广泛地区的学人所知，诞生了许多版本的抄本。萧穆离世后，沈曾植存鸣野山房抄本。1917年，刘承干拜访沈曾植，征得沈氏同意后，于1922年刊刻嘉业堂本《章氏遗书》。这是按王宗炎分类编排的版本。

就《文史通义》版本而言，"大梁本"延续章氏生前分类意图，嘉业堂本则继续体现王宗炎的分类思想。嘉业堂本《章氏遗书》中包括了《文史通义》内篇六卷、外篇三卷。嘉业堂本与"大梁本"的内篇、外篇都有不同。大梁本的内篇为五卷，嘉业堂本的内篇为六卷。相比于"大梁本"，刘承干嘉业堂本的内篇中多了《礼教》《书〈朱陆〉篇后》《所见》《士习》《书坊刻诗话后》《同居》《感赋》《杂说》八篇文章，少了《〈妇学〉篇书后》。嘉业堂本与"大梁本"的外篇都是三卷，但内容完全不同，"大梁本"外篇文章都是关于方志的内容，《章氏遗书》本则都是"驳议序跋书说"。

自嘉业堂本《章氏遗书》刊行后，章学诚的著作得以走进更多人的视野。1985年，文物出版社影印嘉业堂本《章氏遗书》，成为目前最广泛的使用版本。①而《文史通义》版本甚多，当前学界主要分为尊"大梁本"派、尊嘉业堂本派和综合派。综合派即提倡综合"大梁本"和嘉业堂本两个版本，并加以补充，代表性著作有仓修良的《文史通义新编新注》等。

① 其他各种类型的版本，见王记录主编《章学诚文献辑存》（北京燕山出版社2019年版）。

第二章

以史立道，志为信史

史学是章学诚的强项。清代史学处于由旧而新的转型阶段，而当时的章氏史学已经透露出现代史学的曙光，突破了考证史学的束缚，进入到本体历史研究的阶段。章氏史学的现代性主要表现为三大方面：大道的突破、大道与文史的结合、大道与通史的结合。章学诚借著述得大道，进入了至高的认知世界。

他的史学理论，没有机会在国史领域实践，而在方志编纂、当代公众历史记录领域发挥了作用。这种"理论—实践—理论"的良性循环模式，推进了他的思考，他由此建立起一套较为完整的方志学理论体系，成为"方志之圣"。用公众历史记录理论与实践反观章学诚的作品，是全新的尝试。

　　"道"或"大道"出于《道德经》《礼记·礼运》《庄子·天下》《文子·道原》等。传统的观点认为道是道理、学理，大道指终极真理。章学诚借大道之旧概念，赋予其新内涵。民国学人陶存煦在《章学诚道学及史学》中指出，"道学者，章学之根源也"[①]。这个精准的定位与评价，至今仍不过时。后人知道章学诚道论的重要性，但多只能重复章学诚本人的说法，少有新的解读。

一、三人居室而道形

　　章氏对道作了发生学考察，描述了道由微而著的过程。中国文化从一开始就是世俗文化，关注世俗社会，章学诚将道的起点选在"天地生人"，认为道在"天地生人"之后才逐渐由微而著。在家国同构体制下，要考察国家的起源，必须先考察家

---

① 陶存煦：《章学诚道学及史学》，《国专月刊》1937年第4卷第5期。

的起源。"天地生人，斯有道矣，而未形也；三人居室，而道形矣，犹未著也；人有什伍而至百千，一室所不能容，部别班分，而道著矣。仁义忠孝之名，刑政礼乐之制，皆其不得已而后起者也。"①为什么是"三人"居室？研究西学的人，喜欢用西方人的思维来解释这个问题，认为"三人"即"你、我、他"，甚至往"圣父、圣子、圣灵"的方向联想②，这是牵强附会的。"三人"为"众"，"众"是群体概念。群体形成以后关系就复杂了，人人想按自己的意志办事，必然会带来人际冲突。要维持群体的正常运转，分工和合作就成为"不得不然之势"，便有了对于均平秩序的追求。由小群体到大集体，社会更为复杂，必须建立社会行为规则，这就有了家庭道德、社会道德。分工合作之中必然会有责任的推诿和利益的争夺，所以由长者来维持公平正义就成为"不得不然之势"，于是有了长幼尊卑之别。复杂的社会分工，要有专人来管理，于是出现了组织。人们被区分为各种群体，每个群体都需要有人管理；人口越来越多，事务就越来越繁杂，这就需要才能杰出的人来治理；秩序混乱，缺乏领导和服从，这就需要德行高尚者来主持教化活动。于是，"作君作师，画野分州"和"井田、封建、学校"的出现也就成为"不得不然之势"。政治，就是治理众人之事。章学诚将直悟与推理相结合，梳理出道德、政治形成的过程。此前的中国思

---

① 《文史通义新编新注》内篇二《原道上》，第94页。
② 张蕴艳：《从章学诚〈文史通义〉的整全性与精神性看近现代中国文论的源流》，《学术月刊》2022年第4期。

想家们很少能对政治的起源和国家的产生作出这样具体的描述。

时势推动人事。"故道者，非圣人智力之所能为，皆其事势自然，渐形渐著，不得已而出之，故曰'天'也。"[①]圣人的一切创造本质上都应被视为道的杰作。道之"渐形渐著"，是事物发展的自然态势，是无法抗拒和改变的进程。这种蕴藏在事物之中的自然而然、无法抗拒、不能改变的创造性力量就是"天"。"古治详天道而简于人事，后世详人事而简于天道，时势使然，圣人有所不能强也。"[②]章学诚直接把"势"视为一种内在于道且与道同一的力量。道总是通过某种"不得不然之势"来显示它创造一切、生成一切的作用，人类的一切文明都是道的创造物。[③]

循环损益。事物具体的发展轨迹遵循物极而反的规律。"一阴一阳，往复循环者，犹车轮也。"[④]章学诚秉持传统的循环论，从治理的角度来探讨问题。学术的发展也是如此，"历观古今学术，循环衰盛，互为其端"[⑤]。"然而六经大义，昭如日星，三代损益，可推百世。"[⑥]一个国家的进步最终要靠改革与治理来实现。

---

① 《文史通义新编新注》内篇二《原道上》，第94页。

② 《文史通义新编新注》外篇四《方志立三书议》，第829页。

③ 李长春：《章学诚的历史形上学论析》，《中国哲学史》2016年第4期。

④ 《文史通义新编新注》内篇二《原道上》，第95页。

⑤ 《文史通义新编新注》外篇三《与朱沧湄中翰论学书》，第710页。

⑥ 《文史通义新编新注》内篇二《博约下》，第119页。

二、道是人类社会运行的规律

　　章学诚视野中的道是什么？道论或道本论，是清代哲学的本体论术语，部分清代学人的道论，不同于宋明理学家的道论。清人的道论始于戴震，他区分了天道与人道。在《孟子字义疏证·人道》中，戴震曰："人道，人伦日用身之所行皆是也。在天地，则气化流行，生生不息，是谓道；在人物，则凡生生所有事，亦如气化之不可已，是谓道。"①吴根友认为戴氏道论存在"实体实事""纯粹中正"的内涵，"力求从自然原则推导出人伦原则"②，这是对的；不过说戴氏"通过对道概念的历史考古，从而使哲学的形上学与人的文化历程结合起来"，可能评价偏高。戴震天道论恢复了荀子的气化论，确有进步，"天道的超越层面被取消，成为彻底经验层面的问题"③。不过，戴氏对人道的考察仍局限于道德范畴，仍像理学家一样不够彻底。到了章学诚，对道的考察才有了根本性突破。他明确称："道非必袭于天人、性命、诚正、治平，如宋人之别以道学为名，始谓之道。"④这直接否定了宋以来以道德为主要内涵的道论。宋代理学对道的理解多停留于人类社会道德层面，因为其建构道的目

---

① 戴震：《孟子字义疏证》，何文光整理，中华书局1982年版，第43页。

② 吴根友：《戴震哲学"道论"发微——兼评村濑裕也〈戴震的哲学——唯物主义和道德价值〉》，《中国哲学史》2003年第1期。

③ 盛珂：《经学与理学之间的戴震》，《哲学研究》2018年第8期。

④ 《文史通义新编新注》外篇三《与朱沧湄中翰论学书》，第709页。

的是维持社会的稳定。章学诚继承了戴震将天道与人道结合起来考察的路径，但走得更远。

道是人类社会运行的动力和源泉。"道者，万事万物之所以然，而非万事万物之当然也。人可得而见者，则其当然而已矣"①，凡是"可形其形而名其名者，皆道之故"，而非道本身。②李长春将章学诚的道理解为历史的因果律，将道的内涵转化为人类发展之道，认为道是支配万事万物演变的内在力量，是隐藏在时间背后的源泉和动力，是形塑一切有形之物的创造性力量，是社会历史发展规律。③

即象以求道。道无限而人有限，道无形而人有形。"道不可见，人求道而恍若有见者，皆其象也"④。我们凭借可见之物与道相遇的媒介是"象"。"学也者，效法之谓也；道也者，成象之谓也。"⑤万事万物必须由静而动，逐渐彰显行迹，进入人的视野。"六经皆象"，"象通六艺"，即指古往今来的一切学问，归根到底无不是对于道体之"成象"的"效法"。⑥

天下有"公是"。人类社会有自身的道。"由渐而入于中，

① 《文史通义新编新注》内篇二《原道上》，第94页。

② 《文史通义新编新注》内篇二《原道上》，第94页。

③ 李长春：《章学诚的历史形上学论析》。

④ 《文史通义新编新注》内篇一《易教下》，第16页。

⑤ 《文史通义新编新注》内篇二《原学上》，第108页。

⑥ 李长春：《章学诚的历史形上学论析》。

得究其所以然，所谓道也。"①"天下有公是，成于众人之不知其然而然也，圣人莫能异也。"②"公是"为公认的真理。"夫是者，天下之公允也。"③夫子之所以可以取信，是因为"公是之不容有违也"④。"道无定体，即如文之无难无易，惟其是也。"⑤道没有固定的样式，就像写作没有困难与容易之别，只要写得对路就行。"古人于学求其是，未尝求异于人也。"⑥求学不是为了与人不同，而是重在探究自然、社会和人本身运动（活动）的奥秘、规律。"由是道扩而充之，隅而反之，所谓大道也。"⑦章学诚致力于将道上升至一个至高点，以此观察世上一切，这就是历史哲学的思考。

三、"六经皆器"：即器明道

章学诚以"六经皆史"论闻名，其实，他还有"六经皆器"论。他明确提出："道不离器，犹影不离形。"⑧"后世服夫子之教者自六经，以谓六经载道之书也，而不知六经皆器也。"⑨要

---

① 《文史通义新编新注》外篇三《又与正甫论文》，第809页。

② 《文史通义新编新注》内篇三《砭异》，第192页。

③ 《文史通义新编新注》外篇二《〈郑学斋记〉书后》，第582页。

④ 《文史通义新编新注》内篇三《砭异》，第192页。

⑤ 《文史通义新编新注》外篇三《答沈枫墀论学》，第713页。

⑥ 《文史通义新编新注》内篇三《砭异》，第192页。

⑦ 《文史通义新编新注》外篇三《又与正甫论文》，第809页。

⑧ 《文史通义新编新注》内篇二《原道中》，第100页。

⑨ 《文史通义新编新注》内篇二《原道中》，第100—101页。

理解这句话，须从道器观的角度来思考。道器是传统的中国哲学术语，源自《易·系辞上》。道是抽象道理，器是具体事物。道器关系即抽象道理与具体事物之间的关系。"若区学术于道外，而别以道学为名，始谓之道，则是有道而无器矣。"①他反对理学家的道器分离说，即有道无器。"学术当然，皆下学之器也；中有所以然者，皆上达之道也。"②理论源于实践，但高于实践。

将文献作为历史研究的中介或对象，是截然不同的。"道不离器，犹影不离形。"孔子说："我欲托之空言，不如见诸行事之深切著明也。"③空言是空谈，行事是做事。空谈误国，实干兴邦，顾炎武表达得更为直接。"则政教典章，人伦日用之外，更无别出著述之道，亦已明矣。"④古代往事消失后，我们如何才能再见"道"？"彼舍天下事物人伦日用，而守六籍以言道，则固不可与言夫道矣。"⑤若文本不能回归生活，真理就只能在文本世界中兜兜转转。"后世服夫子之教者自六经，以谓六经载道之书，而不知六经皆器也"，而"夫道因器而显，不因人而名也"。因此，章学诚"欲使人舍器而言道"⑥。

---

① 《文史通义新编新注》外篇三《与朱沧湄中翰论学书》，第710页。

② 《文史通义新编新注》外篇三《与朱沧湄中翰论学书》，第710页。

③ 《文史通义新编新注》内篇二《浙东学术》，第121页。

④ 《文史通义新编新注》内篇二《原道中》，第101页。

⑤ 《文史通义新编新注》内篇二《原道中》，第101页。

⑥ 《文史通义新编新注》内篇二《原道下》，第105页。

"道之故"对于我们追寻道体固然极为重要，但是不要把"道之故"当成道自身。换言之，器对于求道而言固然不可或缺（道必须即器而言之），但是道器合一并不意味着要以器为道。以器为道和离器言道犯了同一个错误，就是误解了道和器的关系，其结果往往是得器而忘道。

不同于当时乾嘉学派"道在六经"的普遍观点，"六经皆器"论在道器二分的视野下，将六经下移到器的层面，将道置于器之上。经，向来是指导一切的原理。"学问文章，皆是形下之器，其所以为之者道也。"①考订、义理、文辞三家是具体的划分，属器层面。必须从生活世界入手，才能梳理出器与道的关系。"道器合一，方可言学"，而"义理不可空言也，博学以实之，文章以达之，三者合于一，庶几哉周、孔之道虽远，不啻累译而通矣。"②道与器的关系，是具体事物与抽象道理的关系，是理论与实践的问题，故"训诂章句，疏解义理，考求名物，皆不足以言道也。取三者而兼用之，则以萃聚之力，补遥溯之功，或可庶几耳"③。

道器合一提升了器的重要性。章氏理论境界已近于现代哲学，"器拘于迹而不能相通，惟道无所不通"④。也就是说，处于形而下层面的时候，各领域的知识过于具体与专业，彼此不

---

① 《文史通义新编新注》外篇三《与吴胥石简》，第644页。

② 《文史通义新编新注》内篇二《原道下》，第105页。

③ 《文史通义新编新注》内篇二《原道下》，第103页。

④ 《文史通义新编新注》外篇三《与朱沧湄中翰论学书》，第710页。

相通。一旦进入形而上层面，学理就相通了。章氏的想法，对今人仍有借鉴意义。对治理来说，就是治道；对学术来说，就是学道。

四、"六经皆史"：即事求道

《文史通义》中《易教上》第一句便是"六经皆史也……六经皆先王之政典也"①。可以说，"六经皆史"是章学诚最广为人知的观点。在《论修〈史籍考〉要略》中，章学诚指出古代本不区分经、史，将六经归入经部是后人之意。此外，章学诚再三强调，孔子对六经"述而不作""未尝著述"，只是对六经内容进行了删订，保留了原本选辑、掌故、记注的体例，并没有将六经变为著述。也就是说，六经的本质是历史记录。在《经解上》中，章学诚一针见血地指出"六经之名，起于孔门弟子"。"经"本是诸子著书时经常采用的一种类别，"自以其说相经纬"，"有经以贯其传"。而"经"之所以受到尊崇，完全是由于儒者的吹捧——"儒家者流乃尊六艺而奉以为经"②。

通过地方志的修撰和《史籍考》的编撰，章学诚逐渐形成"以史概经""以今代古"的认识。乾隆五十三年（1788），在写给孙星衍的《报孙渊如书》中，章学诚大胆地提出："愚之所见，以为盈天地间，凡涉著作之林，皆是史学，六经特圣人取

---

① 《文史通义新编新注》内篇一《易教上》，第1页。
② 《文史通义新编新注》内篇一《经解上》，第76页。

此六种之史以垂训者耳。子集诸家，其源皆出于史。"①此后，他在《原道》《经解》《史释》《易教》《答客问》《书教》等篇中逐步补充完善了"六经皆史"的观点，最终在《浙东学术》中完成了以"六经皆史"为核心的理论体系建构。

"六经皆史"的"史"是什么意思？20世纪以来，对其最常见的理解是"史料"。这不奇怪，在历史研究者看来，前人留下的一切文本均是史料。不过，要知道，章学诚生活在历史研究尚未专业化的时代，认为"史"即"史料"，显然是不到位的。更贴切的理解是"历史记录"。传统史学可以被划分为"历史著述"与"历史记录"两类，前者以刘知几《史通》最为典型。"古无经史之别，六艺皆掌之史官"②，史官是国家活动的最早记录者。所以一切文本均是历史记录，这是章学诚立论的基础。"三代学术，知有史而不知有经，切人事也"③，"古之所谓经，乃三代盛时，典章法度见于政教行事之实"④。历史的世界是一个文本世界，无文本即无记录。"盈天地间，凡涉著作之林，皆是史学，六经特圣人取此六种之史以垂训者耳"。此处的"史学"与"史"同理。

欲准确了解"六经皆史"的意义，须结合当时"因经求道"的思潮。当时在戴震等领袖人物的倡导下，乾嘉学派持有的普

---

① 《文史通义新编新注》外篇三《报孙渊如书》，第722页。

② 《文史通义新编新注》外篇一《论修〈史籍考〉要略》，第433页。

③ 《文史通义新编新注》内篇二《浙东学术》，第121页。

④ 《文史通义新编新注》内篇一《经解上》，第77页。

遍观点是"道在六经"。世人以为戴震只长于考证，他其实以明道为己任，可称为"因经求道"。戴震在《与是仲明论学书》中说："经之至者道也，所以明道者其词也，所以成词者字也。由字以通其词，由词以通其道。"①这是通过字词的解释掌握道。这种模式，借用章学诚的术语，可称为"因文见道"②。"彼不知道，而以文为道，以考为器"③，即通过文字来了解道，通过事来梳理道。史部的发达，即文献的发达，容易让学人陷于历史文献研究，在文本中打转，反而影响了"事"（即本体或实体）的研究，最终将导致"离器言道"——"后人不见先王，当据可守之器而思不可见之道"④。有了文本以后，学人反而被文本绑住了，陷入文本世界，无法再回归生活世界，自然难有大的进步。

不同于戴震等人，章学诚走的是"因史明道"之路。它们的不同须借用生活世界与文本世界二分的理念来解释。"因经求道"的本质是"因文见道"，即通过文本来研究道，本质上属于传统的历史文献研究，这是古代做学问最常见的方式。而章学诚"因史明道"的本质是"因事见道"。"事"与"史"，是两个不同的概念。根据生活世界与文本世界的二分理念，"事"属

① 戴震：《与是仲明论学书》，载《戴震集》卷九，汤志钧校点，上海古籍出版社1980年版，第183页。

② 《文史通义新编新注》外篇三《与邵二云论学》，第665页。

③ 《文史通义新编新注》外篇三《与吴胥石简》，第644页。

④ 《文史通义新编新注》内篇二《原道中》，第101页。

生活世界，"史"属文本世界。"事"，即人之事，这是中国独特的本体概念，"事"的文本化，就是"史"，即现代汉语中的"历史"。"事"的概念，早在先秦就出现了，但在后世却被"史"埋没，导致"事"与"史"的概念被混淆。今日的"历史"一词仍有二义，既指事实又指记录，体现了"事""史"不分的现象。突出对"事"的解释是章氏独到之处，这表示他突破了文本的限制，回归"事"的层面来思考。只强调"史"的研究，容易被文本世界框住。只有突出"事"的研究，才能进入生活世界，从而与现代史学接轨。"事"存在于生活世界中，研究"事"，就得回归生活。即使研究古代，也要采用从文本回归生活的方式。同理，"道"不在文本中，而在生活世界之中。"道不远人，即万事万物之所以然也。"[1]理论要从生活实践中寻找，"即事物而求所以然"。以生活世界的事物为对象，不断研究，寻找其规律及学理，这就是章氏的境界。此外，仍得透过文本回归生活世界，才能找到道之所在。"君子苟有志于学，则必求当代典章以切于人伦日用；必求官司掌故，而通于经术精微；则学为实事而文非空言，所谓有体必有用也。"[2]"因事求道—因史求道"才是有体有用之学。这是一种现代学术路径，强调突破文本，从生活与文本的结合中寻找社会发展的至高大道，切于人事，从鲜活的生活实践出发来理解世界。

---

① 《文史通义新编新注》外篇三《答沈枫墀论学》，第713页。

② 《文史通义新编新注》内篇五《史释》，第271页。

文本源于生活，是"先王之政典也"。六经是特定时代留下的记录，所以有其特殊的时空属性。"六经皆史"的最大意义在于，将高高在上的经典文本转化为普通的历史文本，指出经典是鲜活的，不能把文本神化、固化，对文献的解读需要回归到对实际生活的研究。"不特三王不相袭，三皇、五帝亦不相沿矣"①，不仅三王政典没有互相因袭，而且三皇五帝也不互相因袭，六经的内容始终在变化，并非一潭死水，这也反映了国家治理因地制宜的重要性。直接根据实体生活记录进行历史研究，已近于现代史学研究，这正是章学诚史学的高明之处。

"六经皆史"并非否定六经，而是活化六经，丰富其学术价值。"六经皆史"的提出，使许多学人感到非常诧异。之所以如此，是因为在四部分类法下，经的地位是至高的。他们认为章学诚说"六经皆史"，就是降低了经的地位。其实非也。"六经皆史"涉及"儒家经典是如何生成的"这个重大命题，使人出入于生活世界与文本世界，认识到经典是时空的产物。把六经还原为上古记录可以打破对古代经典的崇拜，可以让大家超越文本，进入对过往生活世界的思考。经典固化，道的探索就停止了，只有提倡"六经皆史"，活化经典，才能据此探索六经时期的道。"然则典章事实，作者之所不敢忽，盖将即器而明道耳。"②只有不断地在生活世界与文本世界中来回切换，在"事"

---

① 《文史通义新编新注》内篇一《易教上》，第1页。

② 《文史通义新编新注》内篇四《答客问上》，第253页。

中求道，学问才会不断进步。章学诚回归生活实体，以实体求道，直探社会背后演变之道。这样的思考，"自宋以来亦少见的"①。事实是检验文字记录的关键，生活世界决定文本世界。

章学诚把六经视为某一特殊历史时期的产物。正因为"凡涉著作之林，皆是史学"②，所以六经也在史列。在当时人看来，这样的言论无疑是惊世骇俗的。"六经皆史"论推倒了对经典顶礼膜拜的神化传统，将经典文本转化为普通的历史文本，告诉世人古人从来没有脱离具体事务而空言道理，六经是上古时期君王治理国家留下的政典，是当时的历史记录。后世将六经神化，"托之诡异妖祥、谶纬术数，以愚天下也"③，是绝对错误的事。"六经皆史"论摘下了千百年来儒者加在六经身上的政治光环，恢复了它们本来的历史面貌。章学诚对"六经皆史"的系统阐述对中国学术产生了巨大的影响。

有学人指出，"六经皆史"并非章学诚首创，王阳明、李贽等人也提出过类似于"六经皆史"的观点。王阳明《传习录》中，载有他与弟子徐爱的对话，其中已明显表达出"六经皆史"的主张。李贽则更为直接，称"《诗经》《书经》，二帝三王以来之史也"④，继而明确指出"六经皆史"。但并没有学者对

① 《论戴震与章学诚：清代中期学术思想史研究》，第52页。
② 《文史通义新编新注》外篇三《报孙渊如书》，第722页。
③ 《文史通义新编新注》内篇一《易教上》，第1页。
④ 李贽：《焚书　续焚书》卷五《经史相为表里》，中华书局1975年版，第214页。

"六经皆史"进行过详细的阐释。章学诚在两百余年后重新提出了"六经皆史"，并赋予其充实的内容和系统的理论，这是前人未能做到的，可以称得上是他的一大突出成果，也是整个清代学术史上的一项重大突破。

后人喜欢从宋明理学与史学关系的角度解读"六经皆史"，指出章氏"六经皆史"论是针对空谈性命的宋学和专务考索的汉学两种不良学风提出的。章学诚斥责宋学"舍器而求道"，舍弃考证之"器"，而只重求义理之"道"；而汉学则"舍今而求古"，不重求道，只专注于考证之"器"。二者都"舍人伦日用而求学问精微"，脱离了现实生活。章学诚提出"六经皆史"不只是揭示了六经的本来面目，更重要的是警醒学者应当怎样求道。六经之类的经典文本来源于生活。"道之不明久矣，六经皆史也。形而上者谓之道，形而下者谓之器"①，章学诚指出，六经蕴藏着"道"，同时是求道的"器"，是通往"道"的途径和工具。习六经是为了明道，最终目的是推动实际生活世界的发展。套用一句名言，就是"从生活中来，到生活中去"。杨念群指出，章学诚"六经皆史"的著名论断参与了对"道"的神圣性的颠覆过程。②事实上，"六经皆史"赋予了六经时间性，指出一旦时过境迁，道就会发生含义上的流转，而非固守原意。由此，我们可以看出，必须出入于生活世界与文本世界，认识

---

① 《文史通义新编新注》内篇四《答客问上》，第253页。

② 杨念群：《章学诚的"经世"观与清初"大一统"意识形态的建构》，《社会学研究》2008年第5期。

到经典是时空的产物，进而回归历史记录层面，才有可能明白道的真义。

道高于经，通贯古今。有人言"道在三代历史中生成，同时又在三代以后的历史中被消解"①，这样的理解是不当的。"道"不会被"消解"，它是不因人而改变的客观存在。章学诚的历史主义色彩十分浓重，他将历史分为六经与后六经两大时段，不同时段宜用不同的方式探索。六经时代通过六经求道，后六经时代通过人事求道。"夫道备于六经，义蕴之匿于前者，章句训诂足以发明之。事变之出于后者，六经不能言，固贵约六经之旨而随时撰述以究大道也。"②也就是说，载于六经之道，可以通过章句训诂来阐释。而六经之后的道，必须结合六经旨意，随世事的变化来阐发。这实际上是一种研究路径的阶段划分。这样一来，"因经见道"被限制在六经时代。"因事见道"则被应用于后六经时代。

道在特定历史时间（"三代以上"）中，已经足够充分地展示了自己。然而，这并不意味着它已经完全实现了自己。这是因为道体虽然在"三代以上"的"成象"中向人们展示了比"三代以下"更多的东西，但是需要在全部的时间中完成它自己，而不是随着某个历史时段（"三代"）的终结而结束其"成象"。章学诚的道体和黑格尔的绝对精神之间的最大不同，

---

① 杨念群：《章学诚的"经世"观与清初"大一统"意识形态的建构》。

② 《文史通义新编新注》内篇二《原道下》，第104页。

就在于前者永远都不会完成（或者即将完成）它自身。与西方精神的绝对性相比，章学诚的"象"是开放的、易变的。只要成功地捕捉到了人类的发展面貌，就能找到一条由有形通于无形、由形而下达于形而上的求学之路。

五、"学于众人，斯为圣人"

（一）圣人是众人思想的提炼者

在求大道的过程中，章学诚反思了"圣人"与"众人"的关系。圣人是古代中国的最高人格典范，中间是贤智，最下层是庸愚。后两者，构成了众人群体。贤智"深求其故而信其然"，庸愚"未尝有知而亦安于然"，只有圣人"知其然而然也"①。天下的"公是"，众人发现不了的，必须靠圣人发现，这是就认知水平而言的。同时，章学诚认为只有向众人学习，才能成为圣人。"学于众人"之"学"不是一般意义上的学习，而是圣人的求道活动。

道是靠人来发现的。圣人自己不是道的化身，圣人的洞见也不是道本身。圣人必须在洞悉历史趋势和人类需求的基础上才可能产生正确的行动。"非众可学也，求道必于一阴一阳之迹也。"②圣人之所以要向众人学习，是因为必须从一阴一阳的迹

---

① 《文史通义新编新注》内篇三《砭异》，第192页。

② 《文史通义新编新注》内篇二《原道上》，第95页。

象中探求道。"必有所需而后从而给之，有所郁而后从而宣之，有所弊而后从而救之。"[1] "圣人所能做的就是观察人类的生活，洞悉他们的需要、苦闷和缺陷。"[2]用今日的话来理解，圣人是群众思想的提炼者，通过满足人们的需求，疏导人们的情感，不断地改革弊端，来推动社会进步。

此外，学者也可以体道。"惟夫豪杰之士，自得师于古人，取其意之所诚然而中实有所不得已者，力求其至，所谓君子求诸己也。"[3]高明的史家，是可以体道的。"高明者由大略而切求，沉潜者循度数而徐达。"[4]水平不同，得道的速度不同。后世的学者不只要面对古代的经典，还需要研究活生生的现实。人类的知识有两种来源，面对经典是学于圣人，面对现实则是学于众人。"知来"是对于未来事变的预见，"藏往"则是对于以往历史的保存。

（二）道备于周孔

以往的观点认为孔子是六经集大成者，章氏新论则认为周公才是集大成者。"六经之文，皆周公之旧典，以其出于官守，

---

[1] 《文史通义新编新注》内篇二《原道上》，第94页。

[2] 李长春：《章学诚历史哲学中的知识问题》，《哲学研究》2022年第7期。

[3] 《文史通义新编新注》外篇三《与朱沧湄中翰论学书》，第710页。

[4] 《文史通义新编新注》内篇二《博约下》，第119页。

而皆为宪章，故述之而无所用作。"①《春秋》《周礼》《诗经》的内容均受周公文化建设的影响，而孔子仅是文献整理者。周公有权力，可以推动这样的事业。孔子虽有理想，但没有权力。章学诚之所以推崇周公，是受到了圣王思想的影响。大规模的文化建设活动必须由时王倡导，因为最高领导者拥有推动全国性建设事业的力量，能够成为文化建设的引领者。后人羡慕孔子得美名，却遗忘了孔子生前推广理念时遇到的曲折。对一个有志于推动社会文化发展的学者来说，没有政府的全力支持，什么事都办不成。大规模的文化建设，得靠各级政府推动。

周、孔不同，是因为彼此所处的"时会"②不同。时会即时机，是指人本身所具有的道德和智慧与某种外在机缘在某个历史时刻的遇合。它在本质上是道体在不同历史时期的不同"成象"。时会决定了人在某个特定历史时刻的认识和行动，也决定了人面对历史的不同开展有不同的行动方式。时会本身不是主宰者、安排者，它是道之"自然而然"和"不知其然而然"。道体超越时间，但道体之"成象"由时会决定。道体在三代以上的"成象"集中地体现为周公的政教实践。决定周公成为"集大成者"的原因，不仅是他的超凡智慧，更是其历史机缘——时会。周公不仅能够"学于众人"，而且可以"学于圣人"。时会决定了周公之学"集治统之成"，也决定了孔子

---

① 章学诚：《校雠通义·汉志六艺第十三》，载《文史通义校注》，叶瑛校注，中华书局1985年版，第1021页。

② 《文史通义新编新注》内篇二《原道上》，第97页。

之学"明立教之极"。周公成为礼乐政制的象征，孔子成为立言行教的典范。周公代表了行动和治理，孔子则代表了知识和教化。于六经，周公与孔子一体两面。从周公的角度讲，六艺就是政教典章，是集先王之大成的行事；从孔子的角度讲，六艺则是圣人一代之史，是其立言行教所依据的实事。孔子正是以讲述历史的方式来实现对历史的时间性和有限性的超越的。

（三）学问之事"期于明道"

求道，是章学诚的最高追求。"学术无有大小，皆期于道。"[1]有人以为"求道即在修养自己以及行为举事上"。但章氏明确说："君子即器以明道，将以立乎其大也。"[2]章学诚晚年的思考进入了历史哲学层面，表现为研究大道。"史家之书，非徒纪事，亦以明道也。"[3]"文章之用，或以述事，或以明理。"[4]史学的第一功能是纪事，第二功能是学术研究。学术的中端是考据，至高点是学术著述，以此梳理出人类发展的大道。

18世纪，西方历史哲学兴起，以维科、伏尔泰、赫尔德、孔多塞为代表，他们的共同特点是探索历史规律。他们提出了历史分期概念，维科分神、英雄、人三个时期，赫尔德分诗、散文、哲学三个时代。章学诚大道论是对中华文明史的历史哲

---

① 《文史通义新编新注》外篇三《与朱沧湄中翰论学书》，第710页。

② 《文史通义新编新注》外篇三《与朱沧湄中翰论学书》，第710页。

③ 《文史通义新编新注》外篇五《〈永清县志·前志列传〉序例》，第986页。

④ 《文史通义新编新注》内篇二《原道下》，第104页。

学思考，他认为中华文明有自身的发展规律，冲破了一系列经学与文本的障碍，重新进入司马迁"通古今之变"的境界，尝试探索古今发展之道。他将中华文明史作了粗线条的划分，分为"三代之前""三代""三代之后"。

大道论让章学诚对文史之学产生了独到的看法。主张将文与史两者结合起来，"议文史而自拒于道外，则文史亦不成其为文史矣"①。前人往往认为文史之儒没有资格讨论道，而章学诚最大的贡献是将文史学术化，将文史与大道联系在一起思考。他主张"文史见道"，将文史放在人类大道中思考，由此在史学、方志学等方面都建立起了完整、创新的理论体系，达到了合经史为一、文史贯通的境界，完成了"成一家言"的愿望，因而被朱锡庚称赞为"乾隆年间一代通人"②。章学诚从札记、著述的角度，探索了做大学问之道。

一、札记之功不可少

章学诚对学术札记的类别与作用等进行了详尽的讨论。札

① 《章学诚遗书》卷二九《姑孰夏课甲编小引》，第325页。

② 朱锡庚：《章学诚遗书》第三册跋，转引自戚学民：《清廷国史〈章学诚传〉的编纂：章氏学说实际境遇之补证》，《社会科学研究》2016年第2期。

记分为两类，一是知识摘录型。韩子曰："记事者必提其要，纂言者必钩其玄。"此即寻章摘句之札记也，也就是资料型摘抄，"取为文辞之用，非著述也"[1]。章如愚《山堂考索》、王应麟《玉海》，都是"存记札录，藏往以蓄知也"[2]。二是思想积累型。这是在学术性思考过程中做的札记，是知识生产意义上的札记。顾炎武《日知录》属于"空前绝后矣"[3]。阎若璩《潜邱札记》"义例虽未清析，而书足自成一家，不可废也"[4]。按知识消费与知识生产来划分，《玉海》属于知识消费型作品，而《日知录》等属于知识生产型作品。

札记是新手做学问的基本功，"求学问者，始于摘比排纂"[5]。"札录之功必不可少"[6]，其作用可表现为以下方面：

训练思维。"札记之功，日逐可以自省。此心如活水泉源，愈汲愈新。置而不用，则如山径之茅塞矣。"[7]大脑是思想的加工器，越用越活。如果不用，则容易阻塞。通过持续训练，思想可以凝练为一套体系。

锻炼文笔。人的思想，必须借助文字来表达。笔者的教学

---

① 《文史通义新编新注》外篇三《与林秀才》，第741页。

② 《文史通义新编新注》外篇二《跋〈香泉读书记〉》，第588页。

③ 《文史通义新编新注》外篇三《与林秀才》，第741页。

④ 《文史通义新编新注》外篇三《与林秀才》，第741页。

⑤ 《文史通义新编新注》外篇二《清漳书院留别条训三十三篇》，第610页。

⑥ 《文史通义新编新注》外篇三《与林秀才》，第742页。

⑦ 《文史通义新编新注》外篇三《家书一》，第816页。

方法之一就是训练学生写读书日记，要求"随得即书"，"有所见解，即笔于书，不论时学古学，有理无理，逐日务要有所笔记"①。随想随写，可以提高腹稿形成的效率，最后做到出口成章。反之，若未经训练，则写不出好文章。

将自己阅读领会记录下来，提升理解能力。"今使日逐以所读之书与文，作何领会，札而记之，则不致于漫不经心。"②札记可以训练表达能力。"且其所记虽甚平常，毕竟要从义理讨论一番，则文字亦必易于长进。"③

日记可积累思想。"文章学问之事，即景多所会心。笔墨既便，随处札录。"④看书时一有感悟就写下来，通过文字表达自己的想法。"如不札记，则无穷妙绪，皆如雨珠落入大海矣。"⑤平日里的见解和体会，如果不及时记下来，就会如同雨点落入大海，无处可寻。"随笔札录，以待日后参订，固学者之功程"⑥，写札记是知识生产活动必不可少的功课。原创性思想不可能一步到位，有一个逐步形成的过程。"读书札记，贵在积久贯通。"⑦以顾炎武的《日知录》为典范，章学诚指出案头翻

---

① 《文史通义新编新注》外篇三《家书一》，第816页。

② 《文史通义新编新注》外篇三《家书一》，第816页。

③ 《文史通义新编新注》外篇三《家书一》，第816页。

④ 《文史通义新编新注》外篇三《家书一》，第816页。

⑤ 《文史通义新编新注》外篇三《家书一》，第816页。

⑥ 《文史通义新编新注》外篇三《与林秀才》，第742页。

⑦ 《文史通义新编新注》外篇三《与族孙汝楠论学书》，第802页。

书时，每日应有所记，才能通过日积月累，提炼升华成专门著作。

知识生产性札记属功力，为中端作品。"既以此为功力，当益进于文辞。"治学的最终目标是著述，但即便是学术著作，也同样要讲究文辞。"……但成者为道，未成者为功力，学问之事，则由功力以至于道之梯航也。文章者，随时表其学问所见之具也；札记者，读书练识以自进于道之所有事也。"① "札记—文章—学问—道"，这样的分类更为完整，反映了四者的递进关系。也就是说，由叙事之文进入分析之文，境界将更高一层次。在《与林秀才》一文中，他指出"大抵学问文章，须成家数，博以聚之，约以收之"②，也就是说需要作专题文章，最终汇集成一家之言。在这个由博而约的过程中，札记是关键环节。

做好札记，既要手头勤快，又要脑袋灵光，善于思考。要善于发现问题，进而研究和解决问题。读书中若发现不了任何问题，那么做学问也就无从着手了。所以，章学诚认为札记是每日不可间断的，应不断地思考，不断地积累。"类次既多，积久而胸有定识，然后贯串前后"③，"其深远者，别为著作"④。札记经过进一步梳理，就可以成为论文。

---

① 《文史通义新编新注》外篇三《与林秀才》，第742页。

② 《文史通义新编新注》外篇三《与林秀才》，第742页。

③ 《文史通义新编新注》外篇三《与林秀才》，第742页。

④ 《文史通义新编新注》外篇三《家书一》，第816页。

　　章学诚的次子章华绂在《文史通义跋》中记录父亲善于以自己的思想驾驭前人的文献："观书常自具识力，知所去取，意所不惬，辄批抹涂改。疑者随时札记，以俟参考。"①这句话透露出章学诚兼顾工作与学术的方法，那就是他养成了做读书札记的好习惯。从事文化项目，当然要翻阅大量古籍资料，在此过程中，章学诚"每有所得，辄笔之于书"②，随时记录自己的点滴思考，聚沙成塔、集腋成裘，逐渐汇聚成一片学术海洋。顺着章学诚创作的轨迹，我们便可以了解他学术思想的进步过程，把握章学诚学术思想之真谛。

　　在家书中，章学诚曾说"或仿祖父日记而去其人事闲文，或仿我之日草而不必责成篇章"③。由此可知，章镳有日记，章学诚有日草，这是两种不同的记录模式。日记，是典型的流水账。而日草，则是成篇章的初稿。"途中日制一文，多有可观，惜不得钞胥就录之也。"④这是一个靠手抄本传播知识的时代。可惜，章镳、章学诚的日记或日草，都没有传承下来。鸣野山房抄本《章氏遗书》中保留了一些精选的定稿抄本。⑤

　　笔者关注到平步青整理了《信摭札记》《乙卯札记》《丙辰札记》《丁巳札记》《知非日札》《阅书随札》六种札记作品。

---

① 《文史通义新编新注》附录《大梁本〈文史通义〉原序》，第1081页。
② 《蕉廊脞录》卷五《章学诚事略及遗书本末》，第159页。
③ 《文史通义新编新注》外篇三《家书一》，第816页。
④ 《文史通义新编新注》外篇三《家书一》，第816页。
⑤ 王园园：《章学诚著述稿钞本研究》，上海古籍出版社2023年版，第128—129页。

平步青将前五书编辑为《实斋札记钞》，这些札记与日草的关系，不得而详。为什么没有收录《阅书随札》呢？平氏的说法是，因为"《阅书随札》一册，则仅就所阅群籍，掇取生卒年月及著述若干卷，与《札记》之自下己意发明疏证、有裨经史之大义者不同"①。《阅书随札》记录了作者的生卒年月等信息以及若干著述，与前五书内容不同。然而，笔者粗粗翻阅后，发现前五书与普通的明清杂史笔记没有很大区别，属于文献型札记，只有部分条目发明已意，难怪一直不受人关注。看来，这种根据文献实证与阐述的写作方式，实在不是章学诚的长处。

二、学贵其著述成家

传统中国史学包含叙述、义理、考据，章学诚要解决的是进一步发展的问题。章学诚史学"贵其著述成家"。贵专家、贵创造发明，在理论上"成一家之言"，是章氏治学的最高奋斗目标。大学问是在理论上有创新、能自成体系的学问。

章学诚用比较的方式来阐述何为成一家之言的著述。他提供了两类不同的划分法：

一是二分法，有两种方案。一则比类与著述二分。"著述与比类两家，其大要也。……但为比类之业者，必知著述之意，而所次比之材，可使著述者出，得所凭借，有以恣其纵横变化；

---

① 平步青：《樵隐昔寱》卷十五《实斋文略外编跋》，载《清代诗文集汇编》编纂委员会编：《清代诗文集汇编》，上海古籍出版社2010年版，第329页。

又必知己之比类与著述者各有渊源，而不可以比类之密而笑著述之或有所疏；比类之整齐而笑著述之有所畸轻畸重，则善矣。"①据此可知，比类是资料长编，著述则是完整的学术作品。比类讲究整齐而密，著述允许有轻重而有所疏。二则记注与撰述二分。章学诚用"圆神""方智"来阐明两者的异同。"撰述欲其圆而神，记注欲其方以智也。夫智以藏往，神以知来，记注欲往事之不忘，撰述欲来者之兴起。故记注藏往似智，而撰述知来拟神也。藏往欲其赅备无遗，故体有一定，而其德为方；知来欲其决择去取，故例不拘常，而其德为圆。"②记注与撰述，可以理解为历史记录与历史著述，是"史学两大宗门"。这发挥了刘知几以来的史学二分法，值得肯定。记录过往，重在不忘往事，要求赅备无遗，在体例上讲究整齐有法。撰述有思想，重在启迪后来之人，要讲究智识，重视"决择去取"，在体例上要灵活。

二是三分法，也有两种方案。一则"比次""考索""独断"三分。"天下有比次之书，有独断之学，有考索之功，三者各有所主而不能相通。"③比次，指记录、选辑和汇编原始资料之书。考索，是考订、札记一类的史著。独断，是在观点、史料、体例上有独创的史著。这是从学术研究、学术价值角度立论的。"若夫比次之书，则掌故令史之孔目，簿书记注之成格，

---

① 《文史通义新编新注》外篇三《报黄大俞先生》，第634页。

② 《文史通义新编新注》内篇一《书教下》，第36页。

③ 《文史通义新编新注》内篇四《答客问中》，第256页。

其原虽本柱下之所藏，其用止于备稽检而供采择，初无他奇也。……然独断之学，考索之功欲其智，而比次之书欲其愚。"①由此可知，比次之外，增加了考索与独断两个层面，细化了著述的内涵。增加考索层面，就是将当时盛行的考据学纳入了中端环节，不再将考据作为最高的学问。这对当时那些成天"疲精劳神于经传子史"的朴学家来说，无疑是当头棒喝。

二则义理、考据、文辞三结合。戴震较早提出义理、考证、词章三分说，并对三者关系有所讨论。"考证即以实此义理，而文章乃所以达之之具。"②这种三分法突出了义理的重要性，将义理放在考证之前。"主义理者鲜征实，尚考索者短文采，相持不下，而县以相讥。自有识者言之，考索所以实其义理，而文采固借以达者也，三者合一，而于学始有功。"③章学诚用整体观改造了三分法，在大道观下，将考据、义理、文辞三者打通了，重构了著作流程。"学于道也，道混沌而难分，故须义理以析之；道恍惚而难凭，故须名数以质之；道隐晦而难宣，故须文辞以达之。三者不可有偏废也。义理必须探索，名数必须考订，文辞必须闲习，皆学也，皆求道之资，而非可执一端谓尽道也。君子学以致其道，亦从事于三者，皆无所忽而已矣。"④道处于混沌、恍惚、隐晦的状态时，会出现难分、难凭、难宣三种后

---

① 《文史通义新编新注》内篇四《答客问中》，第257页。

② 《文史通义新编新注》外篇三《与族孙汝楠论学书》，第801页。

③ 《章学诚遗书》佚篇《许可型七十初度幛子题辞》，第661页。

④ 《文史通义新编新注》外篇三《与朱少白论文》，第770页。

果，必须借助义理、名数、文辞，达到析之、质之、达之三种境界。探索义理、考订名数（礼仪制度）、闲习文辞，三者缺一不可，是求道的三种手段。章学诚认为，只有将考据、义理、文辞三者合一，"于学始有功"。考据只是完成了碎片化的知识生产，无法进一步形成体系化的学术著作。形成著述要经过再建过往世界的程序。如何再建？要有逻辑与时空框架，要有新的体裁。没有这些，著述难以再建。有了札记，"亦俟类次既多，积久而胸有定识，然后贯串前后，去其不合与不定者，慎取而约收之"①，就可建构专门著述了。"札记—定识—贯串—著述"，这是学术著述形成的内在规律。

他还直接从体裁角度入手，欲证明什么不是史学。"世士以博稽言史，则史考也；以文笔言史，则史选也；以故实言史，则史纂也；以议论言史，则史评也；以体裁言史，则史例也。唐宋至今，积学之士，不过史纂、史考、史例；能文之士，不过史选、史评。古人所为史学，则未之闻矣。"②他将古今学人、文人所谓的史著归为五类，认为这五类均不是著述。"吾于史学，贵其著述成家，不取方圆求备，有同类纂。"③他的宗旨十分明确，即著述以成一家之言。

以上二分法或三分法，都是在回答什么是著述、什么不是著述。通过正、反两个方面的辨析，章学诚力图让人知道治学

---

① 《文史通义新编新注》外篇三《与林秀才》，第742页。

② 《文史通义新编新注》外篇三《上朱大司马论文》，第768页。

③ 《文史通义新编新注》外篇三《家书三》，第820页。

类型的多样性，有资料长编、札记、著述等。

三、将文史与道打通

章学诚认为自己的事业是"文史校雠"，这是什么意思？"文史校雠"是两件事，还是一件事？章学诚说"惟文史校雠二事，鄙人颇涉藩篱"①。由此可见，文史、校雠是两大研究方向。"文史之争义例，校雠之辨源流"，文史的重点是争义例，校雠的重点是辨源流。由此可进一步推理，文史属横向的学术理论思考，而校雠属纵向的学术源流梳理。章学诚将代表作命名为《文史通义》，为何不提"校雠"？乾隆三十八年（1773），他曾说计划从事校雠之学，"上探班、刘，溯源官礼，下该《雕龙》《史通》，甄别名实，品藻流别"②，完成《文史通义》。班、刘指班固、刘歆，官礼指《周礼》，《雕龙》指《文心雕龙》。《文心雕龙》之"文"是指文章，包含所有的文本，并非今日狭义之"文学"。由此可知，他的目标是文史学术梳理、文史理论思考。将书命名为《文史通义》，就有超越"二刘"（刘勰与刘知几）之意。今人研究《文史通义》，不应望文生义，以为"文史"对应今日的文学、史学。"盈天地间，凡涉著作之林，皆是史学。"③在章学诚心目中，凡书皆文，凡作皆史，是从广义上说的，这也正是他强调研究范围涉及古今著述的原因。

---

① 《文史通义新编新注》外篇一《与孙渊如观察论学十规》，第393页。

② 《文史通义新编新注》外篇三《与严冬友侍读》，第707页。

③ 《文史通义新编新注》外篇三《报孙渊如书》，第722页。

　　《文史通义》探讨的范围为"文史著作之林"。准确地说，"文史"是"史学义例，古文法度"①。全书涉及整个学术领域，突破经、史、子、集的畛域，并且亮明旗帜，将"义"，即思想、观点、哲理作为贯穿全书的重点。其方法是古今上下贯通，并将文史的不同门类打通研究，强调作与狭窄范围研究不同的"通识"。由此可知，此书更像是"传统中国人文学术通论"。《文史通义》追溯"古今著述渊源、文章流别"②，也就是梳理、概括、总结古代学术史发展脉络。有学者曾指出：《文史通义》实际上也可以被称作《学术通义》③。从内容上看，《文史通义》应是一部仿《史通》而编的、有一定体系的、能成一家之言的文集汇编。

　　"盈天地间，凡涉著作之林，皆是史学"④，这是一种广义的历史观，它建立在早期学术史的考察基础上。一切过往时段形成的文本，均为历史文本，这一观点极大地扩展了历史研究、史料搜集的范围，为重新建构中国文明史提供了更多可能。章学诚提倡大著述，而唯一符合这个条件的只有史学著述。为什么"古人著述，必以史学为归"⑤？经部不可轻易动，诸子完全边缘化，集部多是短篇诗文。只有史部，能成为大著述，这正

---

① 《文史通义新编新注》内篇二《书〈朱陆〉篇后》，第132页。

② 《文史通义新编新注》外篇三《上晓徵学士书》，第649页。

③ 薛璞喆：《章学诚之"文史"辨》，《学术交流》2017年第3期。

④ 《文史通义新编新注》外篇三《报孙渊如书》，第722页。

⑤ 《文史通义新编新注》外篇三《上朱大司马论文》，第768页。

是章氏提倡史学著述的原因所在。虽然史部多是叙事性作品，但它最能体现以人事为研究对象，因此谈学术著述，最后自然会落实到史学著述。章氏著作是学术著述，不是传统的叙述性作品，讨论的是"专门著作"。王应麟以后的文献考据多以文本为对象，有较高的学术性，但容易陷入碎片化，无法进一步成为学术著作。"近日学者风气，征实太多，发挥太少。"①征实是考据学特点，发挥则是理论诠释的特点。他要解决的就是系统性理论思考及学术著述生产的问题。

时代不同，学术体系的底色也不同。章学诚所处的18世纪中国仍是儒学的时代，经、史、子、集四部综合之学仍占据主流地位。由此，他强调四部通观。在乾隆三十七年（1772）的《上晓徵学士书》中，章学诚明确指出《文史通义》为解决"古今著述渊源、文章流别"的问题，讨论范围涉及"古今载籍"，由此可见，章学诚的研究范围十分宽广。虽然《文史通义》全书在结构上模拟《史通》，但两位作者身份不同，关注点不同，因而两书主题明显不同。刘知几是国史馆的史官，所以关注国史编纂研究，有感于史馆编修之弊，退而著《史通》。章学诚将刘知几的研究内容称为"史法"，用今日话说，是研究历史文本生产之学或历史编纂学。章学诚是民间学者，虽也关注国史，但不是史官，接触的事物明显不同于刘知几。刘氏言史法，章氏言史义。结合文本谈史法，这不是章氏的关注点。他希望从

---

① 《文史通义新编新注》外篇三《与汪龙庄书》，第694页。

更高层面来思考史义，用今日话说，是历史哲学层面的思考。须有由生活世界进入文本世界，复由文本世界回归生活世界的思考，才能超越传统文献世界的束缚。"著述之事，所求者远大。"①章氏直接从天人角度来思考历史的发展线索，这已近于现代学人的思考方式了。

---

① 《文史通义新编新注》外篇二《跋〈屠怀三制义〉》，第593页。

必须从大师的视角读章学诚作品。何谓大师？大师的境界是万物一体。"通之为名，盖取譬于道路，四冲八达，无不可至，谓之通也。亦取其心之所识，虽有高下、偏全、大小、广狭之不同，而皆可以达于大道，故曰通也。"[1]从生活世界入手，道路四通八达。对大师而言，从生活世界的认知上升为精神世界的大道，条条道路通罗马。大师之所以能打通生活与精神世界的"道路"，是因为他的背后有整体观作支撑。

一、在天人间思考著作

章学诚贵著述的最终归结点是提倡修通史。大道论与中国历史研究相结合产生通史。史学著作由"义、德、事、体、文"结合而成。章学诚的至高目标围绕写大著作展开。中国传统史学向来有自己的标准，孟子概括《春秋》旨意时提出了"义、

---

① 《文史通义新编新注》内篇四《横通》，第262页。

事、文"三个概念。在此基础上，章学诚作了进一步的阐述，从而构筑了他的学术著述理论体系。"史所贵者义也，而所具者事也，所凭者文也。"①他又用人身作比喻："事者其骨，文者其肤，义者其精神也。"②这突出了史义的核心位置。他进一步将"义、事、文"与刘知几提出的"才、学、识"联系起来思考。"非识无以断其义，非才无以善其文，非学无以练其事，三者固各有所近也，其中固有似之而非者也。"③史识决定史义，史才决定史文，史学决定史事。"记诵以为学也，辞采以为才也，击断以为识也，非良史之才学识也。"④他还进一步引入"记诵、辞采、击断（决断）"三个概念，以解释史才、史学、史识。由此，构成了完整的史义、史德、史事、史体、史文五大标准。

章学诚是在天人间思考通史理论问题的。"盖欲为良史者，当慎辨于天人之际，尽其天而不益以人也。"⑤"人者何？聪明才力，分于形气之私者也。天者何？中正平直，本于自然之公者也。"⑥据此可知，章学诚对"人""天"有明确的定义："人"指个性化的聪明才力，即主观能动性，而"天"是自然的、中正平直的客观规律。用现代话语来解释，天属客观层面，

---

① 《文史通义新编新注》内篇五《史德》，第265页。

② 《文史通义新编新注》外篇四《方志立三书议》，第830页。

③ 《文史通义新编新注》内篇五《史德》，第265页。

④ 《文史通义新编新注》内篇五《史德》，第265页。

⑤ 《文史通义新编新注》内篇五《史德》，第265页。

⑥ 《文史通义新编新注》内篇四《说林》，第221页。

人属主观层面。"史之义出于天，而史之文不能不借人力以成之。"① "道，公也；学，私也。"②形而上层面的"大道"是公共的、客观的，形而下层面的"学问"是私人化的、主观的。

由此可引申出章学诚的史义与史德论。史义，又称史意，是天层面的要求。何谓义？义是"史家著作之微旨"③，是一书之"精神"。有义，"书始成家"。具体地说，高明的史义应能"纲纪天人，推明大道"，"通古今之变"④。纲纪天人，即用纲纪串联天人关系，可以阐明大道，通古今之变。这是章学诚的最大突破。

史德。"德者何？谓著书者之心术也。……所患夫心术者，谓其有君子之心而所养未底于粹也。"⑤ "心术"即心思、主意、计策，涉及思想层面。刘知几以后，曾巩、揭傒斯、胡应麟等人力图完善刘氏理论，提出了"心术""直笔""公心"等概念。章学诚结合当时现实，对揭、胡等人的概念作了进一步提炼，明确提出了"史德"概念。章学诚所言之"史德""心术"，容易误导人往"道德"的方向联想。其实，史德与道德无关。史德是处理公道与私学关系的原则。章学诚的想法是"君

---

① 《文史通义新编新注》内篇五《史德》，第266页。

② 《文史通义新编新注》内篇四《说林》，第221页。

③ 《文史通义新编新注》外篇六《为张吉甫司马撰〈大名县志〉序》，第1042页。

④ 《文史通义新编新注》内篇四《答客问上》，第252页。

⑤ 《文史通义新编新注》内篇五《史德》，第265页。

子学以致其道，将尽人以达于天也"①。必须尽量减少个人治学的主观性，才能实现对历史规律理解的客观公正性。由此可知，史德主张发扬人的主体性，是主观与客观统一的问题。"尽其天而不益以人，虽未能至，苟允知之，亦足以称著书者之心术矣。"②按此要求做了，即使不能达到最高境界，也可称拥有史德。每个人都有感知世界的能力，关键是个人掌握信息的多少与深浅。专家掌握的信息多而深，可以得出更精到的认知。要获得史德，求道的路径必须是："博览以验其趣之所入，习试以求其性之所安，旁通以究其量之所至，是亦足以求进乎道矣。"③博览、习试、旁通分别与验趣、求性、究量对应，可见求道的要求很高。史学本体论研究要讲史德；如果是文献史学研究，则不必讲史德。章学诚在刘知几"史学三长"的基础上增加史德，原因在于"三长"本质上是历史文献编纂学，没有涉及更高层面的"伸天屈人"等专业操守的问题。

史体。体例是反映历史内容的形式，形式水平高低，直接影响到一部史著的水平高低。要写出一部成一家之言的史著，没有好的体例是不行的。中国传统的史体，到宋代已臻完善，但史体革新的脚步仍未停止。明中叶以来，史家仍在努力探索新史体，曾出现过一些新的综合性史体，只是这些史体的效法者不多，没有充分为后人认可、接受。章学诚是封建社会后期

---

① 《文史通义新编新注》内篇四《说林》，第221页。

② 《文史通义新编新注》内篇五《史德》，第265—266页。

③ 《文史通义新编新注》外篇三《答沈枫墀论学》，第714页。

重要的史体革新者，他曾设计过一种新纪传体，"仍纪传之体而参本末之法，增图谱之例而删书志之名"①。章氏新纪传体由四部分组成：纪，相当于编年史，是纲；传，伸编年之详，用纪事本末法写成，或书人，或述事，灵活多变；图，专门记录天象、地形、舆服、仪器等难以用文字说明者；表，排列难以稽检、难以详写的人事。②由此可知，他将传统的纪传体改造成编年体、本末体、图像、表格四合一的新纪传史体。"古文辞必由纪传史学进步，方能有得。"③值得注意的是，章学诚首次提出了"纪传史学"的概念，并设想了一部纲举目张、图文并茂的新纪传体史著，是非常值得期许的。可惜，章学诚并没有机会在国史上实践，只在晚年修《湖北通志》时，实践过这套新史体。

史文，重在用古文写作。"左丘明，古文之祖也，司马因之而极其变；班、陈以降，真古文辞之大宗。"④由此可见，他推崇左丘明、司马迁以来的古文写作方法。"文辞以叙事为难……然古文必推叙事，叙事实出史学"⑤。由此可知，用古文叙事是纪传体史书进步的关键。

他认为，只有将史义、史德、史事、史体、史文有机结合

---

① 《文史通义新编新注》外篇三《与邵二云论修〈宋史〉书》，第672页。

② 仓修良：《章学诚和〈文史通义〉》，中华书局1984年版，第151—152页。

③ 《文史通义新编新注》外篇三《与汪龙庄书》，第694页。

④ 《文史通义新编新注》外篇三《与汪龙庄书》，第694页。

⑤ 《文史通义新编新注》外篇三《上朱大司马论文》，第768页。

的作品，才可称为史学著作。中国传统史学理论多讲史法，不
太讲史义；章氏重视史义，把史义置于首位，主张以史义指导
修史实践，将史学的科学性提上议程。后来的学术史发展也证
明，学术著作才是中国史学的发展方向。就此而言，章学诚确
实是一个了不起的理论大家。

我们习惯根据西方哲学将史学理论分析划分为三论（本体
论、认识认与方法论）。其实，可根据史义、史德、史事、史
体、史文来建构中国史学体系，重在著述或著作的要素研究，
更适合中国叙事史学。

二、史学著述重在通史

章学诚所讲的著述，实际上是纪传体通史。通史首要特点
在于时间上古今相通。"盖通史各溯古初，必须判别家学，自为
义例，方不嫌于并列。否则，诚不免于复沓之嫌矣。"①在类型
上，"通史自属纪传正体"②。符合这项要求的通史，当时只有
《史记》《通志》。"史迁绝学，《春秋》之后一人而已。其范围
千古、牢笼百家者，惟创例发凡，卓见绝识，有以追古作者之
原，自具《春秋》家学耳。"③这是对《史记》的高度肯定。乾
隆时期重考据，吴颖芳作《吹豳录》，专门批驳宋代郑樵的《通
志》。章氏则给予郑樵很高的评价，称郑氏继承了"通史家风，

---

① 《章学诚遗书》附录《丙辰札记》，第391页。

② 《章学诚遗书》附录《丙辰札记》，第396页。

③ 《文史通义新编新注》内篇四《申郑》，第250页。

而自为经纬，成一家言者也"①，能够"发凡起例，绝识旷论，所以斟酌群言，为史学要删"②，因而其他的小病不足为虑。

从《史记》《通志》等通史的编纂成例，他看到了通史著作的长短。他作《释通》篇，称"通史之修，其便有六：一曰免重复，二曰均类例，三曰便铨配，四曰平是非，五曰去抵牾，六曰详邻事。其长有二，一曰具翦裁，二曰立家法。其弊有三：一曰无短长，二曰仍原题，三曰忘标目"③。"免重复"是通史叙事能够前后一贯，避免重复。"均类例"是通史较易统一全书体例。"便铨配"是通史便于统筹安排人物和史事。"平是非"是通史有利于公允评价历史。"去抵牾"是通史有助于消除纪事矛盾。"详邻事"是通史可以完整记载周边各族的历史发展过程。"具翦裁"是通史能彰显史家笔削翦裁之功。"立家法"是通史以"成一家之言"为准则。这些实际上是他重视"专门家学""别识心裁"的思想在通史编修中的具体体现。从弊端来看，"无短长"是通史容易流于纂辑之书。"仍原题"是通史编纂容易沿袭旧作。"忘标目"是通史叙事内容丰富，涉及方方面面，很容易造成标目混乱。④总的来说，通史便于阐明超长时段历史的发展和变化。

概念在初创期，都是特指；时间长了，就会出现泛指。通

---

①　《文史通义新编新注》内篇四《申郑》，第249页。

②　《文史通义新编新注》内篇四《申郑》，第249页。

③　《文史通义新编新注》内篇四《释通》，第239页。

④　王记录：《"通史家风"与章学诚的通史思想》，《史学史研究》2022年第4期。

史也是如此，初始是特指，是梁武帝的《通史》，后来出现了各类标榜通史的作品。"著述之事，所求者远大。"①为了突出他的新通史论，章学诚对各类不合标准的作品一一作了梳理，希望拨乱反正，回归特指意义上的通史，杜绝其他泛化的通史概念。

章学诚继承了司马迁、郑樵以来的通史精神，又想超越刘知几，专门从历史哲学角度谈中国通史编纂的理论。章氏看到了考据学的缺陷，提出了解决方案，即提倡写著作，为史学的科学化指明了方向。"及其书之成也，自然可以参天地而质鬼神，契前修而俟后圣，此家学之所以可贵也。"②在家学精神的影响下，在记注作品的支撑下，专业的、贯通"上下千年"的人文通史，如中国通史、中华文明史等便成为可能。

三、为千古史学辟蓁芜

对大道的探索，让章学诚在历史哲学上有了较大的突破。大道与目录学结合产生中国学术史研究，与历史研究结合产生中国通史思考。章学诚对自己的史学天赋非常自信，认为"吾于史学，盖有天授，自信发凡起例，多为后世开山"③，其《文史通义》"中间议论开辟，实有不得已而发挥，为千古史学辟其蓁芜"④。李慈铭称："尝言作史作志，须别有宗旨，自开境界，

---

① 《文史通义新编新注》外篇二《跋〈屠怀三制义〉》，第593页。

② 《文史通义新编新注》内篇四《答客问上》，第252页。

③ 《文史通义新编新注》外篇三《家书二》，第818页。

④ 《文史通义新编新注》外篇三《与汪龙庄书》，第694页。

此固可为庸下针砭。而其弊也，穿凿灭裂，尽变古法，终堕于宋明腐儒师心自用之学。"①将章学诚的学术与宋明理学家的义理之学进行简单比较不太合适。从传统史学与现代史学、传统历史文献研究与现代学术研究的异同入手，才能更加明确章氏的创新所在。

中国传统史学，始于汉唐的叙事史学，历经宋明的义理史学，至明清的考据史学。司马迁处于中国通史初生时代，面向生活世界进行思考，强调天地上下古今贯通。章学诚处于历史文本成熟时代，前人留下的历史文本太多，反而束缚学人的视野，无法实现古今贯通。考据史学增强了研究的学术性，但使学者陷于四部文献之中，没有进入生活层面，只能成中端形态的小学问，没有大的出路。

章学诚突破了历史文本的限制，重新进入生活世界，再度强调从本体论角度寻找社会发展规律。"固将纲纪天人，推明大道，所以通古今之变，而成一家之言者"②，于是有了史学通史。"通史人文，上下千年"③，这是将古今文本世界打通以后才有可能出现的，可见章氏学术完成了由文献考据向通史研究的转型。章学诚开创的中国通史编纂理论在20世纪备受学界的高度肯定。梁启超认为："千年以来研治史家义法能心知其意

---

① 李慈铭：《越缦堂日记》，广陵书社2004年版，第84页。

② 《文史通义新编新注》内篇四《答客问上》，第252页。

③ 《文史通义新编新注》内篇四《释通》，第241页。

者，唐刘子玄、宋郑渔仲与清之章实斋三人而已。"①梁启超将章学诚视为"清代唯一之史家"，认为他的学术已经突破了史学的范畴，盛赞其"实为晚清学者开拓心胸，非直史家之杰而已"②。

新史学的建设，要经过理论与实践两大方面的努力，理论则要经历初创与完善两大阶段，章学诚的新史学理论大体属于初创阶段。章学诚仅是通史理论家，不是实践家，没有机会编修出他理想的中国通史，直到20世纪初期的夏曾佑才实现了这个理想。

---

① 梁启超：《中国近三百年学术史》，商务印书馆2011年版，第355页。
② 梁启超：《清代学术概论》，夏晓虹点校，中国人民大学出版社2009年版，第192页。

一、志为史裁入著述

章学诚早年已初步形成自己对史学的想法。二十七岁参与修方志时，思想逐渐成熟。可见，修志实践让他有机会系统地发展自己的思想。此前，这些史学想法仅在与朋友的信中有所提及。李慈铭称他"于志学用力甚深，实为专家"①，方志修撰使他找到了民间学人可以发挥力量的地方。理论与实践结合，是章氏方志编修的特点。章学诚具备史学理论，编修方志是为了寻找实践理论的场所。他把史学理论用于方志编修，同时在方志编修实践中进一步提升理论水平。这种"理论—实践—理论"的良性循环模式，推进了他的思考。事实上，虽方志历史悠久，但直到明代之后，关于方志史学价值的讨论才逐渐流行起来。但始终未有学者从理论高度系统阐述方志的史学价值。

① 《越缦堂日记》，第84页。

章学诚首次提出"志属信史"等主张，批判了前人将方志视为地理专书的看法。章学诚在实践与理论结合的过程中，建立起一套较为完整的方志学理论体系，对方志修撰的各个方面都做出论述，系统说明了方志的史学地位与价值。章氏在方志学方面的创见主要有志属信史、方志立三书说、志之诸体、州县立志科议等。梁启超曾盛赞章学诚，称"方志学之成立，实自实斋始也"①。

近代以来的章氏方志理论研究，并没有讲透彻章氏所面对的问题，或者说，并没有把他所面临的问题放到突出位置上加以阐述。擅长史学的章学诚参与方志编修实践以后，马上意识到了志书编纂中存在的问题。章学诚面临的问题是方志编纂的地理化、类书化、文学化、公文化。其中，前两者属体裁问题，后两者属文风问题，而最大的问题是"侈为纂类家言"②。在章学诚看来，"纂类所以备著述之资"③，是更低层次的作品。他提出"方志之为史裁"，要求以史入志，主张方志编纂的学术化。为了证明他的观点，章学诚从先秦诸侯国记录入手，认为方志起源于春秋战国时期记载各诸侯国的史书，"虽曰一方之志，亦国史之具体而微矣"④，认为方志虽然涉及的范围小，但五脏俱全，与国史在本质上没有区别，所不同的只有体量。章

---

① 梁启超：《中国近三百年学术史》，东方出版社1996年版，第330页。

② 《文史通义新编新注》外篇三《报黄大俞先生》，第634页。

③ 《文史通义新编新注》外篇三《报黄大俞先生》，第634页。

④ 《文史通义新编新注》外篇五《〈亳州志·人物表〉例议下》，第1000页。

学诚强调方志的历史记录功能，认为"志者，志也"，"方"是地方，"志"是记录，"方志"就是地方记录，"一方之志，将记一方之事也"①。他进一步提出"志属信史"论，要将方志著作化。"其事其文之外有义焉，史家著述之微旨也，国史所取裁也，史部之要删也。"②也就是说，方志也有"志义"，且是史家著作中隐而未露的。"夫志者，志也。其事其文之外，盖有义焉。所谓操约之道者此也。"③显然，此处的"志义"是由"史义"引申而来的。"志即识"，强调方志编撰者需具备史识，非"文士华藻，掾史案牍"④可作。

"志属信史"是章氏方志学最为核心的理念，也是章氏方志理论大厦的基石。现在看来，当时的方志就是类书体的地方百科全书，不同年代的方志仅有版本是否升级的区别而已。章学诚并非误解方志，而是想提升方志的记录性，提升方志的重要性。他希望强化方志的地方史记录功能，让地方史与通史兼容。要将方志历史化，就是要提高方志的历史信息含量。

二、方志立三书

在"志属信史"的基础之上，章学诚作《方志立三书议》，

----

① 《文史通义新编新注》外篇六《〈湖北通志〉序传》，第1027—1028页。

② 参见《章学诚遗书》卷一九《庚辛之间亡友传》附周震荣《书〈庚辛之间亡友传〉后》。

③ 《文史通义新编新注》外篇五《〈亳州志·掌故〉例议下》，第1006页。

④ 《文史通义新编新注》外篇六《〈湖北掌故〉序例》，第1032页。

创立了一套修志义例规范。这是章学诚方志理论体系的精华所在，标志着其方志理论的成熟、修志体例的完备和方志学的建立。为什么要提出"方志立三书"呢？当时许多方志"求于史家义例，似志非志，似掌故而又非掌故"①，存在着许多问题，比如体例破碎不堪、文人修志娱乐化等，方志逐渐背离了原本的用途。章学诚认为这种情况的出现，是方志编撰者们不懂得将史籍区分为两大部类——记注和撰述，导致出现"于记注撰述两无所似"的作品。为了扭转这一局面，他提出了在志书之外，另立掌故、文征，以达到"义例清而体要得"的效果。

所谓"三书"，可以理解为"一主二辅"，一主是志，二辅是掌故、文征。

志是主体，是"词尚体要"的著作。"仿纪传正史之体而作志"，在体例上志必须"有典有法，可诵可识"。章学诚一再强调，既然"志属史体"，与国史相较，只是"所谓具体而微也"，那么志的体裁也当符合史法，必须达到"邑志虽小，体例无所不备"的要求。在《〈永清县志·舆地图〉序例》中，他曾表示："史部要义，本纪为经，而诸体为纬。有文辞者，曰书曰传，无文辞者，曰表曰图，虚实相资，详略互见，庶几可以无遗憾矣。"②也就是说，志书需要结合不同体裁，以本纪为经，诸体为纬，相得益彰。

---

① 《文史通义新编新注》外篇五《〈亳州志·掌故〉例议下》，第1006页。
② 《文史通义新编新注》外篇五《〈永清县志·舆地图〉序例》，第961页。

纪，指按年编写的大事记，"纪以编年为名，例仿纲目，大书分注，俾览者先知古今，了如指掌"①。这里的纪是否就是一般正史中都有的本纪呢？其实不然，章学诚之"纪"是要把这个地区"古今理乱"之重大事件都"粗具于编年纪"中，不同于专门记载帝王事迹的本纪。为什么将纪放在全书之首呢？"志者，史所取裁，史以记事，非编年弗为纲也"②，可以看出，章学诚认为以编年撰写的纪是全书之纲，而"史以纪事为主，纪事以编年为主"，将"纪"放在书首也可以满足"存史法"的需要。

方志的体裁分为记、传、考、图、表等。传，"编年文字简严，传以申其未究，或则述事，或则书人，惟用所宜"③，传的设立是为了补充纪因文字简洁而遗漏的部分。现在我们常说给某人列传，似乎传的对象是人，其实，这个观点是错误的，比如创传体的司马迁在《史记》中就有《货殖列传》。章学诚主张传的内容既可以写人，亦可以书事，从实际出发，"惟用所宜"即可，这实际上也是对于司马迁之后的史家普遍为人立传而不为事立传的一种矫正。首先，为了提高方志列传的质量，在具体的内容上有必要进行详略取舍。章学诚认为，最基本的原则是"详今而略古""详后而略前"。其次，针对人物传，章学诚认为方志既然是"为国史所取裁"，"则列人物而为传，宜较国

---

① 《文史通义新编新注》外篇六《〈湖北通志〉凡例》，第1014页。

② 《文史通义新编新注》外篇六《为毕秋帆制府撰〈石首县志〉序》，第1052页。

③ 《文史通义新编新注》外篇六《〈湖北通志〉序传》，第1028页。

史加详"①。他特别强调只有作者真正下功夫收集具体材料，"取别识心裁，法《春秋》之谨严，含诗人之比兴，离合取舍"②，才能为国史所取裁。这样的教诲放在今天也是适用的，历史研究不能平地起高楼，只有认认真真地收集史料，踏踏实实地研究分析，才能做出有价值的成果，也就是所谓"板凳要坐十年冷，文章不写半句空"。最后，他认为所写人物应当有所选择，"以名宦乡贤、忠孝节义、儒林卓行为重，文苑方技，有长可见者，次之"③。章学诚主张如果官员没有突出的政绩，那么不得为其立传，这样也可以打击修志过程中故意托人立传以示奉承或自显的现象。这一点对于我们今天的修志工作也具有重要的指导价值。

有关考（或称书、志），章学诚在《答甄秀才论修志第二书》中说："考之为体，乃仿书志而作，子长八书，孟坚十志，综核典章，包函甚广。""子长八书，孟坚十志"指的是《史记》中的八书、《汉书》中的十志。可以看出，考主要用于记述制度发展，涉及礼乐制度、天文兵律、社会经济、河渠地理等方面的内容，即"典故作考，人物作传"之意。为避免内容过多，显得支离破碎，杂乱无章，章学诚强调考需遵守史法，分纲列目，使结构清晰明了，主次分明。内容不可过于繁杂，应将无关治体、无益风教者悉数删除。

---

① 《文史通义新编新注》外篇五《〈亳州志·人物表〉例议下》，第1000页。

② 《文史通义新编新注》外篇五《〈亳州志·人物表〉例议下》，第1000页。

③ 《文史通义新编新注》外篇四《修志十议呈天门胡明府》，第859页。

图，专门写天象、地形、舆服、仪器等难以用文字说明者；表，罗列难以稽检、难以详写的人事。章学诚非常强调图、表的重要性，认为二者是撰史修志不可或缺的部分。在《〈亳州志·人物表〉例议》中，他曾详细论述了方志与人表的关系，并总结出"三善"。在他修撰的志书中，部部有表。在章学诚看来，图的作用有时胜于表，所谓"盖表所以齐名目，而不可以齐形象也。图可得形象，而形象之有沿革，则非图之所得概焉"[①]，图的形象程度远超于表。所以，章学诚称赞图像实为"无言之史"。同时，他大力批评当时方志中因追求美观而使图像流于形式的不良现象，指出应当"取其有关经要而规方形势所必须者，详系之说，而次之诸纪表之后"，才可以备一家之学。

此外，志必须讲求文辞表达效果。章学诚认为，志中文字皆与史法有关，其中的命辞遣意，必须有规矩准绳，不可大意。由此，他对方志修撰人员的素养提出了要求，指出"文人不可修志"，修撰者必须有史才、通史法、具史识，如实记录真实情况，不能对历史妄加修饰。

以上是章学诚新纪传体理论在地方志中的应用。在新纪传体地方志各部分中，他也提出了一些全新的观点。"序人物，当详于史传，不可节录大概，如官府之点卯簿。载书籍，当详其目录卷次凡例，不可采录华词绮言，如诗文之类选册本。官名

---

① 《文史通义新编新注》外篇五《〈永清县志·水道图〉序例》，第967页。

地名，必遵一朝制度，不可假借古称。甲子干支，必冠年号。以日纪事，必志晦朔。词赋膏粉，勿入纪传。"①这段话集中体现了章学诚在方志学方面的新观点。此外，他主张设立前志列传、阙访列传、掌故和文征。

掌故，"仿律令典例之体而作掌故"②。可以看出，掌故类似会要、会典，主要收集地方政府机关的章程条例和重要文件，按类选编，勒成专书。为什么要将这些内容单独整理出来呢？主要是为了既使志书简洁明要，又将重要的材料保存下来。章学诚认为，"修其掌故，则志义转可明"，而"不整齐掌故，别为专书，则志亦不能自见其意矣"③，可见掌故可以起到辅助志的作用。

文征，"仿文选文苑之体而作文征"。文征类似于文鉴、文类，其"大旨在于证史"，是挑选那些足以反映本地生活民情、"合于证史"的诗文，以及那些虽"不合于证史"，但实属"名笔佳章""人所同好"的诗文，汇编成书。

章学诚认为，凡是方志，必须分立通志、掌故、文征三书，方能"通古人之遗意"，"三书相辅而行，阙一不可；合而为一，尤不可也"④。"三书"解决的是著述与资料的矛盾，而

① 《章学诚遗书》卷一九《庚辛之间亡友传》附周震荣《书〈庚辛之间亡友传〉后》，第196页。

② 《文史通义新编新注》外篇四《方志立三书议》，第828页。

③ 《文史通义新编新注》外篇五《〈亳州志·掌故〉例议下》，第1006—1007页。

④ 《文史通义新编新注》外篇四《方志立三书议》，第828页。

"四体"则阐述了著述部分的内部结构设计。可以看出，"三书"以志为著述主体，以掌故、文征作为保存资料的辅助部分。章学诚在《湖北通志》中执行并体现了"方志立三书"说，梁启超曾以旧志中号称方志典范的《广西通志》与之对比，指出《广西通志》将"著述"与"著述资料"混为一谈，而《湖北通志》因立"三书"，著述与资料部分划分清晰，故"'纯著述体'之《通志》，可以肃括闳深，文极简而不虞遗阙"①。可见方志立三书的重要性。

三、州县立志科设想

不同于文学可以采用大量的虚构，历史记录的任务是求真。然而，即使是最出色的历史学家，若是手头没有材料，也无法撰史、求真。在方志修撰过程中，同样需要大量的资料支撑。经过多次修志实践活动后，章学诚深感修志取材不易，他指出，对于以往的正史典籍、地方文献都要重点搜集，做到"博观约取"。此外，根据详近略远的原则，方志修撰者不能只顾埋头钻研文献，还需要进行实地访问调查，掌握第一手资料。在考察的过程中，章学诚逐渐认识到修志资料搜集困难的主要原因在于缺少一套针对修志工作的组织制度。有了制度，才可以保证资料搜集工作的长期展开。因此，他专作《州县请立志科议》一文，提出政府应当在各州县设立志科，让志科专门搜集、掌

---

① 梁启超：《中国近三百年学术史》，商务印书馆2011年版，第365页。

管乡邦文献，为编好各类方志创造条件。

　　章学诚认为"天下政事，始于州县，而达乎朝廷"①，朝廷六部尚书根据天下州县六科吏典之掌故，辅佐天子治理国家。他指出，六部必须合天下掌故而使政通人和，史官同样必须整合天下记载而使得典籍完备，但如今州县掌故多添注于六科之外，州县记载并没有专人来掌管，仅凭一些有责任心的人在某段时间里收集一批资料。工作人员的水平参差不齐，很难做到体例完备，甚至还有可能出现挟私诬罔、贿赂行文的情况。那么，朝廷如何收集资料呢？该收集哪些资料呢？一人之"传志私而多谀"，一家之"谱牒散而难稽"，朝廷修史最好的资料来源就是方志，方志能够系统有效地囊括一地之信息。然而，正如前文所提，州县方志修撰存在各种问题，方志质量猥滥，不足以为史官高效利用。由此，章学诚正式引出在州县立志科的提议，指出"州县之志，不可取办于一时，平日当于诸典吏中，特立志科，金典吏之稍明于文法者，以充其选"②，且应当完善相关的规章制度，对典籍加以管理。待资料攒至数十年，便让"能文学而通史裁者"撰写方志。这样搜集资料以备修撰的方式，可以大大提高方志的质量。对志科搜集储存典籍的内容范围，章学诚也有详细论述，涉及官员乡绅、学校师儒、衙廨城池、学庙祠宇、堤堰桥梁、铭金刻石、地方活动等各个方面。

---

① 《文史通义新编新注》外篇四《州县请立志科议》，第837页。

② 《文史通义新编新注》外篇四《州县请立志科议》，第837页。

不仅如此，章学诚对资料的搜集办法和保存办法都有所说明，提出在志科以外，四乡还应各设采访一人，平时负责采访，搜集遗文逸事，及时上呈志科。

可惜，这样富有创造性的建议并没有为清政府所采纳。20世纪以来，我国成立各级档案馆，可以说章学诚立志科的愿景实现了，这无疑印证了章氏设想有极高的建设性，也提醒我们要充分挖掘前人的宝贵观点，从中国传统文化中找寻创新点。

中国公众史学的产生，让我们对章学诚有关当代历史记录的理论与实践有了全新的认知。

一、当代历史记录的理论

（一）历史记录与历史著述二分

古代中国重文本写作，唐代史家刘知几曾在《史通》的《史官建置》中评论："夫为史之道，其流有二。何者？书事记言，出于当时之简；勒成删定，归于后来之笔。"[1]后人将此归纳为"历史记注"与"历史撰述"，近于今日的"历史记录"和"历史研究"，这是中国古人对历史书写活动的权威归纳。记注与撰述，要用历史记录与历史研究二分法来理解。当代历史记

---

[1] 刘知几：《史通通释》外篇卷十一《史官建置》，浦起龙通释，王煦华整理，上海古籍出版社2009年版，第301页。

录详尽，面面俱到，而历史研究则在主题上有所侧重。有了
《文史通义》这本书，后人可以通过不断地研读、取舍，提炼出
不同的研究主题。这告诉我们，历史文本的初生产与再生产的
规则不同，初生产重在全，再生产可以有所侧重。章学诚已发
现了这个问题。

（二）历史学宜以当代记录为任

与20世纪以来专注于历史研究的学者不同，章学诚有明确
的当代历史记录意识。章学诚认为，"史以纪事为主"[①]，"事出
于人，人著于传"[②]。历史特指人类的历史，是人做出的事之
史。卡尔·贝克尔认为，历史就是说过和做过事情的记忆。人
类的生活事件不断向前发展，幸而人类大脑多少保留了对往事
的记忆。可惜，大脑也容易遗忘。生活中，人们虽有口头交流，
但交流之后部分记忆又消失了。怎么办？于是有了文字记录，
将往事通过笔记录下来，就成了历史记录。

章学诚的时空意识是比较强的，他主张："凡立言之士，必
著撰述岁月，以备后人之考证；而刊传前达文字，慎勿轻削题
注与夫题跋评论之附见者，以使后人得而考镜焉。"[③]他生前的
作品小集多属编年性质，有明确的时间记录。后来王宗炎负责
编纂《文史通义》时改为分类编纂，打散了原来的编年顺序，

---

① 《文史通义新编新注》外篇六《〈湖北通志〉凡例》，第1013页。

② 《文史通义新编新注》外篇二《〈史姓韵编〉序》，第512页。

③ 《文史通义新编新注》外篇二《韩柳二先生年谱书后》，第559页。

未及时将相关时间标注在各文之后，导致今日所见之《章学诚遗书》中有不少文章的写作时间不详。

（三）文本初生产与再生产的规则不同

章学诚说："古人记言与记事之文，莫不有本。本于口耳之受授者，笔主于创，创则期于适如其事与言而已；本于竹帛之成文者，笔生于因，因则期于适如其文之指，或录成文而无所更易，或就字句而小作更张。"①记言与记事，是大家十分熟悉的一对传统史学概念。从记言入手，将从人群中实际调查而来的信息整理加工成文，属于文本的初生产。所谓"传人适如其人，述事适如其事"②，文本初生产的要求为其事其言必须符合记录对象的真实情况，文本世界要符合生活世界，生活世界是文本世界的检验者。"当代纪载，得于耳闻目见，虚实可以互参。"③当代史记录的优势在于人与文可互参。人是事的主体，文本是记事的载体，当事人可以衡量文之虚实。"大抵即事状以究诘情文，颇类据讼牒以平反疑狱；狱情既得，视讼牒所陈，固有全失其事理者。"④事实是检验文字得失的关键所在，生活世界决定文本世界的真伪。

至于文献再加工型的文本再生产，在不违背原旨的情况下，

---

① 《文史通义新编新注》外篇三《答邵二云》，第663页。
② 《文史通义新编新注》内篇二《古文十弊》，第153页。
③ 《文史通义新编新注》外篇五《〈亳州志·人物表〉例议上》，第996页。
④ 《文史通义新编新注》外篇三《答某友请碑志书》，第748页。

允许稍作字句的更改。家中长辈过世以后，后辈会拟行状一类的初稿，请当地某位名人执笔成稿。章学诚强调"记事必征所授，立说必明其故"①，主张执笔人对子孙送来的志状文底稿加以选择辨析。他认为"采择之法，不过观行而信其言，即类以求其实，参之时代以论其世，核之风土而得其情，因其交际而察其游，审其细行而观其忽，闻见互参而穷虚实之致，瑕瑜不掩而尽扬抑之能。"②通俗地说，粗阅原稿以后，再当面向家属询问几个基本问题，从而确定构思与笔法。

（四）以人为本位的历史分类观

章学诚认为"物之大为人，合人为家，合家为国，合国为天下"，而"物之大者，莫过于人，人之重者，莫重于族"③，这是以人为本的思维方式。在天、地、人"三宝"中，人是最大的，这是典型的中国世俗观。章学诚在当代人生活中思考当代历史问题，自然会以人为本位，认为历史是人创造的。"物之大为人"是一个十分通俗易懂的观念，但能意识到这一点其实相当不易。因为，"史之大为国"才是史界常态。"物之大为人"观念则完全属于以人为本位的思想，是十分现代的说法，18世纪的章学诚能提出这样的观点十分不简单。

章学诚遵循的是西周体制："合人而为家，合家而为国，合

---

① 《文史通义新编新注》外篇二《金君行状书后》，第587页。

② 《文史通义新编新注》外篇二《金君行状书后》，第586页。

③ 《文史通义新编新注》外篇四《〈和州志·氏族表〉序例上》，第898页。

国而为天下。"①天子的地盘是"天下"，诸侯的地盘是"国家"。章学诚的"合"字用得十分贴切，体现了群体层层叠加的原则，是典型的以人为本位原则。个人、血缘组织、集体组织等，构成完整的天下观。修、齐、治、平涉及四个层面：个人、家族、国家、天下。这是一套内部层级秩序，以人为中心逐步扩大，这样的认知世界的方式是合理的。由人到天下，按空间大小进行分类，也是章氏一大创见。

根据这套认知模式，便可以建立起相应的历史记录单元，"有天下之史，有一国之史，有一家之史，有一人之史"②，这是由上而下、由大而小的观察。一人之史、一家之史、一国之史、天下之史，可以简称为个人史、家族史、国家史、天下史。这几乎可以说是最早的以人为本位的历史体裁划分法。而今日的地方史可进一步细化，增加"合家为村"之史及各单位、各专题之史。

章学诚进一步将历史记录单元的上下级关系定为"分—合"。"惟分者极其详，然后合者能择善而无憾也。"③只有小单元记录详赡，之后大单元的书写才可以有更理想的材料选择空间。这种低层级小单元作品为更高层级大单元作品做材料铺垫、高阶单元作品取材于低阶单元作品的思想值得肯定，即使在今日仍是比较少见的。这也提示我们，公众历史的不同书写单元，

---

① 《文史通义新编新注》外篇五《〈永清县志·士族表〉序例》，第957页。

② 《文史通义新编新注》外篇四《州县请立志科议》，第837页。

③ 《文史通义新编新注》外篇四《州县请立志科议》，第837页。

最终都将有益于大历史的书写。

（五）生可立传

章学诚对"生不立传"的观点展开了一番论述。章学诚曾拜朱筠为师，据说朱筠曾有"见生之人，不当作传"[①]的观点，又说立传是史官的专职。章氏认为朱筠的观点"自是正理"，但"观于古人，则不尽然"，认为"辨职之言，尤为不明事理。如通行传记，尽人可为，自无论经师与史官矣"[②]。朱筠所谓"生不立传"是专指列传体史书不可为生人立传。以今人观之，"生不立传"原则仅限于政府控制的国史与地方志，至于民间的写传行为，则完全不受束缚。其实，从当代公众历史记录的角度来说，今天要鼓励写个人史，提倡"生要立传"。如果当事人在世的时候不写，那么其大脑记忆中的真实过往信息也将随其去世而彻底消失。后人再想了解，已不可能。历史的世界是一个文本的世界，当代人必须留下文本，才能拥有历史。在这一点上，章学诚无疑是具有前瞻性的。

章学诚传记创作数量可观，类型多样，不拘一格，有传、列传、家传、别传、小传等。这些传记有的出自文集，有的则出自方志。"生前良友，取其善规。身后佳文，贵于得实。"[③]章氏这条为当代人写传的原则，也值得后人学习。

---

① 《文史通义新编新注》内篇五《传记》，第281页。

② 《文史通义新编新注》内篇五《传记》，第281页。

③ 《文史通义新编新注》外篇三《与周次列举人论刻先集》，第752页。

（六）文为史裁

章学诚涉及了公众史记录领域，指出文集中的"传记碑碣之文与哀诔策诰之作"[①]，均是各个时代人留下的当代历史记录作品。着眼当下，它们就是不同类型的文章；放眼未来，所有文本均是历史文本。这就是章学诚眼光独到之处。前人往往偏重这类文章的文辞，而不重视其应保存的历史信息，导致"或书某官而不载其何官，或书某某而不载其何名何姓，或书年月日，或书某年某月某日而不载其何年月日"[②]。如果撰述者不懂得"文为史裁"，认为内容与文章大义不大相关就忽略不记，那么文章的用处和价值就会大打折扣。史家特别重视时空框架概念，而时空信息正是人类大脑容易遗忘的，也是普通人写作容易遗漏的。忽略时空信息将导致"偏重文辞，不求事实"[③]。当代公众史记录应重视对时空的精确记录，达到"文为史裁"的效果。

（七）文足以入人者，情也

当下历史研究强调学术理性，不能有情感色彩。不过，进入当代历史记录层面，则可适当遵循情感原则。这有几个方面的考量，一是情感决定作者对研究对象的选择。情感正是驱动

[①] 《文史通义新编新注》外篇二《韩柳二先生年谱书后》，第559页。

[②] 《文史通义新编新注》外篇二《韩柳二先生年谱书后》，第559页。

[③] 《文史通义新编新注》外篇二《韩柳二先生年谱书后》，第559页。

人关注他人并进行历史书写的直接因素。二是读者因素，"凡文不足以入人，所以入人者情也"[1]。最容易触动人的是情感，而不是理性。一个没有激情的人，难以打动他人。章学诚认为，诗史相通，历史书写当蕴道而不言道，并应把控情感的闸门，认为"情失则流，情失则溺，情失则偏"[2]。这些理论精华，足以为当今学界镜鉴。正如章学诚所言："史之赖于文也，犹衣之需乎采，食之需乎味也。采之不能无华朴，味之不能无浓淡，势也。"[3]文学可以与历史写作相结合，作者可以根据不同的文体，决定文学化表达的程度。在个人史中，应该允许采用有更多情感表达的文学手法。

二、当代公众史记录实践

章学诚非常重视当代历史书写，在历史记录的实践活动中，他自然而然地踏进了当代公众史领域。记录当代，是历史学的魅力所在，是体现该学科伟大精神的地方。

（一）谱牒

谱牒学，简称谱学，是研究和阐述人类宗族、家族世系历史的一门学问。它与方志学一样，是史学的旁支。姓氏将群体按血缘区分开来，同时构成了人群的一种组织方式。同一姓氏

---

① 《文史通义新编新注》内篇五《史德》，第266页。

② 《文史通义新编新注》内篇五《史德》，第266页。

③ 《文史通义新编新注》内篇五《史德》，第266页。

组成一个群体，构成了谱牒学的基本研究对象。

章学诚为补贴家用，常常为人撰志书谱牒，这是他触及谱牒等公众历史领域的契机。如乾隆四十三年（1778），他曾指导周震荣编先世谱牒，还亲自撰写了一部分谱传；乾隆五十二年，他在北京参与了《梁文定公（国治）年谱》的编纂工作；乾隆五十四年，为安徽学使徐立纲辑《徐氏宗谱》；他晚年还在扬州为高邮沈氏参校过家谱。从《章学诚遗书》中收录的二十余篇家传可知，章学诚常常为他人作家传。

章学诚深入探讨了谱牒学的基本理论，如谱牒学的性质和作用，谱牒学与方志学、史学的关系，谱牒学产生、发展和演变的历史，谱牒的编纂原则和方法，等等，首次为我国古代谱牒学建立起一套比较完整的理论体系。

章学诚在谱牒编修上提倡"书实之义"，要求实事求是地写。"谱为一族公书"[1]，族谱是集体之作。这个观点至今仍有价值。章学诚在《史籍考总目·谱牒部》中将谱牒下分专家、总类、年谱、别谱四大类，特别是将年谱列入谱牒部。《韩柳二先生年谱书后》是一篇论述年谱体裁由来、重要意义、如何为之的重要文章。他指出年谱是一种可知人论世的著作，这种体裁产生于宋代，"文人之有年谱，前此所无，宋人为之，颇觉有补于知人论世之学，不仅区区考一人文集已也"[2]。年谱可让人

---

[1] 《文史通义新编新注》外篇二《高邮沈氏家谱序》，第541页。

[2] 《文史通义新编新注》外篇二《韩柳二先生年谱书后》，第559页。

清晰地留下每年的主要活动轨迹，避免严重遗忘一年之事，甚至一生之事。研究历史人物，无论他是政治家还是学者，只要能找到一本有关他的年谱，就将节省许多时间和精力。一部好的年谱，甚至可以将该人的主要政治观点、学术观点和贡献都反映出来，对学术研究将起到无可估量的作用。不过，年谱虽有"谱"字，用编年手法梳理始末，从形态上近于谱牒，但终属研究性质的一人之史，归入个人史似乎更合适。

（二）传记

在当代公众历史记录领域，传记能够达到较佳的记录与传播效果。除了几篇专传，有情有义的章学诚也写了一些亡友传。如《庚辛之间亡友传》便是他为怀念一批朋友而写的交往传。庚辛，指庚子与辛丑，即乾隆四十五年至四十六年（1780—1781）。这篇类传收录十二人，共一万零四百二十余字，信息量相当大，以今日观之，可称为友朋交往录。前人写传，多据已有文献而成，这篇亡友传则根据自己平时的所见所闻而成，未参考其他相关文献。"余撰《庚辛亡友列传》，皆无状志可凭，惟以耳目所及，间涉自叙，参述交谊，以舒哀思。"[①]他将这种方式称为"列传之变体"，在笔者看来，亦可称之为交往记忆体，属历史文本的初生产。章学诚在文中写到，平日与他交往的知心好友可以互托死生，而他们的"世系家风及其生平履涉"

---

① 《章学诚遗书》卷一九《庚辛之间亡友传·顾文子传书后》，第194页。

往往在交往中被遗忘，以至于在友人去世之后，在撰写追述纪念之文时，才明白"平日之交，在形骸外"①。此文前人关注不多，作为一篇交往记忆样本之作，它的价值实不亚于黄宗羲的《思旧录》。在传记领域，章学诚的创新已经走在了当时学人的前头，与口述史等现代公众历史记录新方式的精神不谋而合。通过人物传来记事，可以说是与今日的公众历史记录非常接近了。

更难得的是，这种体裁人人可为。对于当代人来说，文字早已不是历史记录的唯一载体。录音、录像的出现，使历史记录手段多样化。有了硬盘、云盘，信息的存储也不再是问题了。对于文本来说，电脑的普及使文字处理变得十分方便。有了网站、博客、微博、微信这样的网络新媒体，文本的发表机制变了。无需经传统媒体编辑的审批，自己就可以决定是否发表或转载。故而当代公众历史记录不再有工具限制，所欠缺的只是公众主动记录自身历史的意识。笔者认为，提升公众史记录意识是今日历史学的重要任务，也是需要史家共同努力的目标。

---

① 《章学诚遗书》卷一九《庚辛之间亡友传·顾文子传书后》，第194页。

第三章 | 一生以学术经世

除了史学和方志学理论以外，章学诚在其他领域亦有思想建树。本章主要聚焦章学诚学术思想的跨领域延展，从文学创作与批评的理念、书院教育的因材施教实践、国家治理的经世思想、女性观的双重突破，到浙东学术谱系的建构，呈现其以学问为器，回应社会问题的思想特点。章氏在学术领域的一系列创见，既彰显其思想不局限于史学的充沛学术创造力，亦体现出清代学者在传统知识体系中努力寻求思想创新的尝试。

章氏早年不喜科举文，而喜历史与诗赋。他在文学思想上颇有建树，提出了"以文证史""以史统文"等观点。其文学思想由萌发到成熟，历经家学熏陶形成志趣、文学思想的形成及文学思想的成熟三个时期。[1]

一、古文理论与实践

章学诚对古文系统的建构，源自他对史的推重。他对古文进行了别出心裁的解构与重建，力图使文史融通。章氏古文理论主要围绕文道、文质及文气三组关系展开。在文道关系上，章氏提出文以明道、道不离文；在文质关系上，章氏提出了文生于质、质重于文、质不离文的辩证观点；在文气观上，章氏提出气贵于昌、文非气不立及集义养气的观点。

---

[1] 参见张富林《章学诚文学研究》(2014)，该论文详尽地阐述了章学诚的文学思想与实践，本节主要据此而成。

（一）文衷于道，为文标准

章学诚的古文实践丰富，成就卓著。其游记散文短小精悍，结构严谨，层次分明，详略得当，重点突出，语言质朴。章学诚的游记不仅表达其人生感悟，更给人以哲理上的启迪。他关心国计民生，主张文以经世。其政论散文，能结合社会现实，针对时弊，有感而发，结构严谨，主次分明，议论缜密。学术散文是章学诚古文创作的主要体裁，他深于设喻，精于通类，长于排比，善于用事，文章结构缜密，内容翔实，论说雄奇，具有很强的逻辑性和说服力。

他主张理重辞轻，但不完全忽视文辞的价值。他的文道观在文以明道、文以载道的基础上，新增了"文衷于道"的独特内涵，主张文道应该"主适不偏"，体现了志识和文辞兼美的理想追求。章学诚的文气观以人气观为基础，主张"集义养气"，基于人的性情来选择学问路径，这是非常高明的观点。他的文气观在"气贵乎平"的基础上，强调气雅情正和气昌情挚，既包含"配义与道"的道德方面的文气，又包含着"清真"的文体形式方面的文气。

（二）用古文叙事

科举考试考的是时文。学子为应试而不断训练时文写作，没有时间从事古文写作。古文写作是被当时学人所忽视的。章学诚继承邵廷采、朱筠之意，坚持用古文写作。古文写作，是历史记录的典型方式。要写好古文，颇不容易，"盖文辞以叙事为难"。"清真"，这是章氏为文的最高境界。虽然章氏推崇古文，但他认为"文章可以学古，而制度则必从时"，即古文写作涉及制度层面时，要用当代的制度名称，不必机械地照抄古人的制度名。章学诚的古文写作水平得到时人的肯定，不愧为一代古文作者。

在《论文示贻选》中，他指出传记应字字斟酌，且要求执笔者熟谙史法，"非熟于法度不能辨"①。在追忆主要事件时，肯定会牵连出其他事，即"事不必入于文者"。对于这类回忆，章学诚认为应当"亦历忆之，使本事始末了然，然后下笔乃无失实之弊"②。至于那些实在记不起详情的事件，则需要灵活判断。对于尚存疑者，不可轻下断语，需要"慎言"。

章学诚提出"文与学非二事"，即文章的写作离不开学问知识的积淀。他认为"夫立言之要，在于有物"，对于机械地模仿古人的做法提出了批评，认为文章的好坏，要看内容是否充实，能否表达撰著者真实的感情。"古人著为文章，皆本于中之所见"③，写文章必须有独到的想法，贵创造而反对因袭模仿。在《答沈枫墀论学》中，他告诫友人"学须摭实"，强调实学，反对虚文。

---

① 《文史通义新编新注》外篇三《论文示贻选》，第812页。

② 《文史通义新编新注》外篇三《论文示贻选》，第812页。

③ 《文史通义新编新注》内篇二《文理》，第140页。

二、小说与诗歌理论

章学诚把中国古代小说分为四种类型，即目录学小说、志怪小说、传奇小说和演义小说，提出了中国古代小说"历三变"的流变理论。他阐明了小说运用虚构手法进行叙事的理论，论述了小说虚构叙事的原因，分析了小说虚构应遵循的原则，即必须符合伦理道德标准，历史人物要符合历史事实，符合"实则概从其实，虚则明著寓言"等原则。对于虚构的作品，在阅读时应做到心知其意。此外，他还提出了小说在补正史所缺、编撰方志史籍及劝诫教化三个方面的作用。

章学诚在论述小说理论时表现出了两难的矛盾心理：既轻视小说，又看到小说所具有的作用；既要求小说创作应遵循史家的实录原则，又承认小说创作中运用虚构手法的合理性；既为小说违背史家观念而哀叹，又认为小说的嬗变非人力所为。这种矛盾心理，是由其史家固有的传统观念与其进步的文学观相互冲突造成的。

运用比兴寄托寓意，是诗歌创作中经常运用的手法。章学诚反对在诗歌创作中片面讲究形式技巧，特别强调诗义的重要性，认为诗与非诗的标准不在于技巧的完美与否，而在于有无诗义，强调作诗应以学问为基础，言之有物。尽管如此，章学诚不擅长写诗，所作诗歌不多。

章学诚是重要的文史批评家，有着丰富的批评实践，并在此基础上形成了独特的文学批评理论。他认为批评者应具备文德思想，即"临文必敬"和"论古必恕"，并总结出丰富多样的批评方法，即源流互质法、心理批评法、反证批评法、采择批评法及比喻批评法等。

章学诚一生致力于文史校雠事业，以品评古今文史利弊得失为己任，对桐城派古文文统、义法提出了质疑和批判。此外，章学诚对袁枚深恶痛绝，对其诗学观、古文观、考据观等进行了批判。

三、文学史的意识观念

章学诚阐发了文学与时代发展的关系，并探究了文学演变规律，通过"辨章学术、考镜源流"的方法，以诗教为中心，初步构建起了文学史的思想体系。他指出中国古代文学由六艺之文发展为战国之文，又由战国之文流变为辞章之文。虽然形态各异，但一脉相承，构成了完整的文学发展历史。章学诚还对文体流变的历史作了梳理，认为后世文体源于六经，至战国时期，文体大致已发展完备。然而，在重质轻文的文道观的影响下，章学诚对于文辞独立发展的学术进步趋势存在认识上的不足，他对文辞形式、"文人"和"辞章之文"的轻视是具有落后性的。

一、教学原则方法

章学诚的工作包含教书、编志与学术研究。为了维持生计、便于治学，章学诚先后主讲于清漳书院、敬胜书院、莲池书院等。这些讲席都是因认识的官府长官推荐而得来的，这导致他常常因推荐人工作的调动而丢失工作，所以在每个书院执教的时间都比较短，一般在两年左右。在书院讲学时，章学诚除负责教学外，还撰写了不少教育类文章，如《定武书院教诸生识字训约》《与定武书院诸及门书》《清漳书院条约》《清漳书院留别条训三十三篇》《清漳书院会课策问》《叙例》《答周篯谷论课蒙书》《再答周篯谷论课蒙书》《论课蒙学文法二十六通》《答沈枫墀论学》等。作为一个学者，他显然比一般的教书匠更有思考力。这些文章无不体现出章学诚独树一帜的教育理念，成为研究他教育思想珍贵的一手材料。

仓修良、叶建华将章学诚主张的教学方法归纳为六条："尽人达天"，因材施教；"惟教学半"，教学相长；理解思考，"启发是资"；"分别正闰"，"去故更新"；"力学辨识"，"练识充才"；"知行合一"，"动手成功"。①陈鹏鸣将章学诚主张的教学原则和方法归纳为六条：论教与学的关系及教师的作用、论学与思的关系、"博而不杂，约而不漏"、"学与功力，实相似而不同"、教学应遵循学生身心发展规律、因材施教与启发式教学。②还有学者将章学诚有关写作的教学主张归纳为四条：道不离器的文道论；有得于心的源泉论；持世救偏的风骨论；心术端正的作者论。③

可从蒙学教育观、蒙学教学观、蒙学教材观三大方面归纳章氏课蒙论的内容。蒙学教育观方面，章学诚倡导教育的目的在于求道，强调学生将知识应用于事，成为通经服古之人。"我辈于四书一经"④，教育现状促使章学诚针对古文与时文的关系展开思考，他认为在蒙学写作阶段，不一定非得从应举时文入手，而且也不应该只学时文、不学古文。章学诚主张培育主体文化根性的蒙学方法，即反对从时文入手，提倡从古文入手。柯绍庚曾说："文无古今，期于通也。时文不通，诗古文辞又安能通耶？"而朱筠说："科举何难！科举何尝必要时文？由子之道，任子之天，科举未尝不得。即终不得，亦非不学时文之咎

① 参见《章学诚评传》。

② 陈鹏鸣：《章学诚教育思想简论》，《浙江学刊》1993年第1期。

③ 潘志勇：《章学诚写作思想研究》，湖南师范大学硕士学位论文，2014年。

④ 《文史通义新编新注》外篇三《与族孙汝楠论学书》，第801页。

也。"①因此，在指导学生写时文时，章学诚尽可能使古文、时文均发挥优势，将两者结合使用。总体来说，章学诚抱持属文应以古文为根柢，时文为辅助，先古文，而后古文、时文交叉学习，发挥各自优点、相互参考的观点。

蒙学教学方面，他推崇以经史等经典古籍为教材或工具书。《清漳书院会课策问》以提问的方式启发学生重新思考四书义理，教育学生揣摩经典，仿写经典。章学诚赞同写作教学时应采用读写结合法和仿写法，主张将文章分为七类，分类阅读一定量的文章之后，练习写同类文章。他还主张教师应引导童蒙仿照经典古文属文。

章学诚的蒙学教学观强调关注学生的学习特点和发展规律，具有现代性，其性情论为今日反思绝对的客观实证主义，重拾史学的人文性提供了一定的借鉴。因不满于当时严苛的教育方法，他主张蒙学教育应该顺应孩童的乐趣与"性情"，后者应包括天性和至情。性情是学者内在的直观体现，应由其自由发挥，避免受到世俗世风的裹挟。童蒙学习应该先易后难，使学生产生成就感，从而乐于学习。因此，教师在教学时必须遵循一定顺序，首先培养学生读书兴趣。阅读不能被训诂所拘束，应该多思考其中的义理，"夫言之有物，即心所独得是也"②。章学诚重视实践与理论的结合，提倡习于事而后言学，依照所学知

① 《章学诚遗书》卷一七《柯先生传》，第168页。

② 《文史通义新编新注》外篇二《清漳书院留别条训三十三篇》，第620页。

识进行实践，并通过实践去体会知识所蕴藏的理，他称此为
"夫子诲人知行合一之道"①。

蒙学教材方面，章学诚认为教材应该做到"言之有物"。他
崇尚经典，对清代蒙学教育机构所使用的教材嗤之以鼻，认为
应该使用经史领域经典之作作为蒙学教材。《论课蒙学文法二十
六通》的中心观点是"童子之学，端以先入为主，初学为文，
使串经史而知体要，庶不误于所趋"②。他自编教材《文学》，
选取古人撰述中"于典籍有所发挥，道器有所疏证，华有其文，
而实不离学者"③，删约百篇，"其文则汉人之淳质，六朝之藻
绘，唐人之雅丽，宋人之清疏，体咸备也，附以评论，引而不
发，所以待人之自得也。志举业者，得其润色，已足异于众
矣"④。章学诚认为学生应该读理实之文，言之无物的作品不能
成为教材内容。学生自主衷辑、编纂教材，能够自得文章的
"心营意造"。

章学诚的课蒙论启示我们，现代国学教学可以通过溯源经
史的方式，让学生揣摩文章，体悟道统，读写共生，模仿经典。

二、有所取有所弃

章学诚"不乐舍己从时尚"，认为"世之所重而非吾意所期

---

① 《文史通义新编新注》内篇二《原学中》，第110页。

② 《文史通义新编新注》外篇一《论课蒙学文法二十六通》，第411页。

③ 《文史通义新编新注》外篇二《〈文学〉叙例》，第529页。

④ 《文史通义新编新注》外篇二《〈文学〉叙例》，第530页。

与，虽大如泰山，不遑顾也；世之所忽而苟为吾意之所期与，虽细如秋毫，不敢略也。趋向专，故成功也易；毁誉淡，故自得也深"①。其中关键在于不随风逐流，"诚贵乎其专也"②。他认为"善取不如善弃"，"宜度己之所长而用之，尤莫要于能审己之所短而谢之"③。视野越宽，人的欲望可能越大，章氏主张的自我收缩，确实是一种有效的调节方法。章氏有自己的学术世界，有自己的追求，不会轻易放弃。学术目标一经确定，就义无反顾地往前走。他说："审己分定，一意孤行，以毕生之全力，曲折赴之，而后足以及此也。"④又说："抱愚守颛，不忍舍其寸长，亦不敢强其尺短，以此落寞坐困于时而不以为悔。"⑤在这里，个人意志成为核心因素：有所取，有所弃，坚持专业；求安于心，不顾他人评价。"成己欲其精专"，这已完全同于现代专家的理念了。同时，应讲究技巧，功力宜屡变无方。由此可知，目标性十分强的章学诚，在目标的实现路径上十分灵活。这提醒今日之人，要有规划，有理想，但在执行方法上，可灵活多样。

在知人与知己的问题上，章学诚从治学角度提出了类似的讨论。"学问以知人。知学先须知人，知人先须自知。自知所长

---

① 《文史通义新编新注》外篇三《与朱沧湄中翰论学书》，第710页。
② 《文史通义新编新注》外篇三《与周次列举人论刻先集》，第751页。
③ 《文史通义新编新注》外篇三《与周次列举人论刻先集》，第751页。
④ 《文史通义新编新注》外篇三《与钱献之书》，第795页。
⑤ 《文史通义新编新注》外篇三《与钱献之书》，第796页。

易，自知所短难。自知所短易，自知所长之中犹有所短难。知长中之短，则进学自不容已矣。自知既明，则不患不知人矣。人各有长有短，与人相形，见短而不以为患者，恃别有所长也；知长中犹有所短，而丧然失所恃矣。然不学亦不知也，学而能知长中之短，则几矣！"①"学问以知人"，这是一个全新的说法。"知学先须知人，知人先须自知"，评人最易、知己最难。知己之所以难，是因为人类的目光天生朝外看，难以反观。只有部分理性的人能做到反观自省。知己，关键是要能了解自己的长短。进一步说，要知道长中之短。只有知道了自己的短处，才能进步。知己以后，就能知他人了，见人之所长而不会丧失自信。由此可知，章学诚的重点是应具备自知之明。

三、贵师道与家传

如何继承君子之学？章学诚认为继承师道与家族传承非常重要。

他认为学子应该选择专一的师承，"为文不可不知师承，无师承者，不能成家学也"②。在写给史致光的信中，章学诚诚恳地表达了对恩师朱筠的感激之情。朱筠对章学诚在古文上的指导不可谓不深，章学诚感叹自己虽然颇能识老师所未及之处，然而"遣辞造句，偭色揣称，盖不啻其一步一趋，不敢稍

① 《文史通义新编新注》内篇六《杂说》，第352—353页。
② 《文史通义新编新注》外篇三《与史余村论文》，第689页。

越"①。正因为有了朱筠为他打下的扎实的古文基础，章学诚才得以行文"纵横驰骤，惟吾意之所之"②。

　　章学诚引用庄子话说："婴儿生无所师而能言，与能言者处也。"③他回忆起自己二三岁牙牙学语时，与年长六岁的姐姐朝夕相处，每日都与姐姐嬉戏玩耍。当有想说却说不出来的话时，他遍听人言，却仍总是"恍惚而不可踪迹"，但从姐姐的口中，他却能逐渐习得如何表达。章学诚猜测，这是由于婴儿会不自觉地从众多说话者中挑选出一个人，针对其言语进行专门学习，这和选择老师是同一个道理。若想要成一家之文章，最好能"师主于一"，跟定一位老师进行学习。这样一来，就不必困于繁杂的多家学说之中，"耳目心思自有所范围而成功易也"④。章学诚"师主于一"的观点与先秦时代以吏为师、晚近的技艺师徒制、大学的导师制等都有所呼应，证明此观点已经得到了社会实践的检验，是科学有效的。

　　乾隆五十四年（1789），章学诚作《师说》一文，进一步说明敬重"不可易之师"的必要性。众所周知，唐代韩愈曾作《师说》，阐述从师求学的道理，其中"师者，所以传道受业解惑也"一句几乎无人不知，无人不晓。然而章学诚认为韩愈之说并没有达到"师之究竟"，即没有解决"老师"的根本问题。

---

① 《文史通义新编新注》外篇三《与史余村论文》，第689页。

② 《文史通义新编新注》外篇三《与史余村论文》，第689页。

③ 《文史通义新编新注》外篇三《与史余村论文》，第689页。

④ 《文史通义新编新注》外篇三《与史余村论文》，第689页。

章氏认为，老师有两类，一为"可易之师"，一为"不可易之师"，二者相去甚远，有着本质上的不同。传授知识，最主要的是传授"道"，这需要"心传"。必须亲自拜掌握此道之人为老师，否则就吸收不了老师的思想精髓。什么样的人可以算作"不可易之师"呢？章学诚点出，就是所谓"巫医百工之师"。他们虽然在当时社会地位比较低，但往往掌握精妙高超的技艺，具备非常强的知识专业性与技艺独到性，有"隐微独喻"的秘传之法，或是由技艺所感悟到的自然之道，"得其人而传，非其人而不传"①。这类似于今天的非遗传人。章学诚认为，对于"不可易之师"，要做到生前侍奉，死后祭祀，以示感激与尊重。至于韩愈所说的"弟子不必不如师，师不必贤于弟子"，则要看比较的标准是什么。如果比较的重点是"道"，那么，又何必斤斤计较"技曲艺业之长"。有志向的人，找遍天下，也难遇到真正的"不可易之师"。如果一定要选择一些人来作为宗师，章学诚认为选择周公、孔子是不会有错的。也就是说，不论从事哪种职业，最终都要回归到寻找亘古不变的道统之师。章学诚认为，只有周公、孔子符合这项条件，他们值得后人永远纪念。

除了强调师承的重要性外，章学诚还肯定了家学的作用。他认为"古人著书，必有授受"，司马迁继承其父司马谈的学识与遗志而作《史记》，班固继承父业，撰写《汉书》，其妹班昭

---

① 《文史通义新编新注》内篇六《师说》，第336页。

又续写其《汉书》，大概都是因为"家学具存"而"师传不绝"。但后世的尊师传统往往被淡化，人人自立其说，"凡例不明，体要未究，虽有古人之志，人亦无由而知"①。这些作品，即使文字的繁复程度数倍于古人，也未能及古人之万一。因此，章学诚指出"记事必征所授，立说必明其故"②。

---

① 《文史通义新编新注》外篇二《金君行状书后》，第587页。
② 《文史通义新编新注》外篇二《金君行状书后》，第587页。

— 142 —

一、晚年的"时务六书"

章学诚虽"忝厕甲科，曾叨廷对"，成为进士，但"未登仕版"，只能"分同子衿，义当谨守卧碑"①。卧碑指明清时期刻着约束在学生员条规的碑石，一般竖于国子监明伦堂的左侧。顺治九年（1652）《御制晓示生员》卧碑第七条规定："军民一切利病，不许生员上书陈言。如有一言建白，以违制论，黜革治罪。"②纪律的约束让太学生不敢轻易发表言论。

章学诚虽"谨守卧碑"，以学术为业，但"以贫贱之故，周流南北，于民生吏治，闻见颇真"③。他是经世型学者，"无用于世，然读书著文，耻为无实空言。所述《通义》，虽以文史标

① 《章学诚遗书》卷二九《上执政论时务书》，第327页。

② 素尔纳等编：《钦定学政全书》卷二《学校条规》，载《近代中国史料丛刊》初编第30辑第293册，文海出版社1968年版，第41—42页。

③ 《章学诚遗书》卷二九《上韩城相公书》，第329页。

题，而于世教民彝、人心风俗，未尝不三致意。往往推演古今，窃附诗人义焉"①。《文史通义》内《砭俗》《原道》《言公》《说林》等篇，都是章学诚对当时学风流弊、世教民俗进行的专篇评论。章学诚希望通过自己的发声，匡扶正气，改变学术界乃至社会的不良风气。结合实际，针砭时弊，是学者当为之事。汉以后的科举制度重在培养国士，其优势在于可以培养出具备国家视野的士大夫，而缺陷是士人往往少了自我意识。章学诚时时关注着时事，然而作为处江湖之远的学者，只能偶尔与友人在私下谈论对时事的看法。

到了晚年，他终于有机会向朝廷表达自己的主张。嘉庆四年（1799）正月，乾隆帝去世，嘉庆帝亲政，和珅倒台，形势大变。借助铲除和珅集团之机，皇帝以"咸与维新"为旗帜，"虚己求言"，实施"新政"。"下至末吏平民，皆得封章上达，言路大开。"②在此感召下，六十二岁的章学诚，在阅读相关邸抄后，连作《上执政论时务书》《上韩城相公书》《再上韩城相公书》《三上韩城相公书》《上尹楚珍阁学书》《上曹定轩侍御论贡举书》六篇政论，可简称"时务六书"。其中，尹楚珍是受到皇帝关注的退休官员。曹定轩是侍御史，他的父亲曹学闵与章学诚相识。而"韩城相公"则是嘉庆初年的首辅王杰，他是章学诚中进士时的副主考，因此章学诚以门生之礼与其交往。

---

① 《章学诚遗书》卷二九《上尹楚珍阁学书》，第330页。

② 赵尔巽等：《清史稿》卷三五六《洪亮吉等传论》，中华书局1977年版，第11320页。

可以看出，章学诚上书的人物级别可不低。章氏有机会建言，得益于这三位都是章氏座师级别的人物，且有一定的权力。

二、以吏治为急

章学诚认为当时社会主要有三大问题：一是民众动乱，二是国库亏空，三是吏治腐败。他对这三大危机的研判是"事虽分三，寻原本一"，即"吏治之坏，其原由于上下通融，讲求设法弥补亏空，民不聊生，教匪横行，所以得而蛊惑"[1]。在章学诚看来，清明吏治是政治改革的核心所在。他指出，和珅掌权三十余年，"上下相蒙，惟事婪赃渎货，始如蚕食，渐至鲸吞"[2]，不知有多少民脂民膏流入私人之库房。"贪墨大吏，胸臆习为宽侈，视万金呈纳，不过同于壶箪馌问"[3]，官员奢侈如此，令人瞠目结舌，而属下为巴结上司，阿谀奉承，"非倍往日之搜罗剔括，不能博其一欢"[4]。这种情况"日甚一日"，官场也就愈加腐败。他发自肺腑地指出"吏治之极弊"已到了"不可不急挽"的地步，告诫当局必须尽快采取必要措施清明吏治，否则"待习气尽而人心厌而气运转，而天下事已不可为矣！岂不痛哉！"[5]

---

① 《章学诚遗书》卷二九《上尹楚珍阁学书》，第330页。

② 《章学诚遗书》卷二九《上执政论时务书》，第328页。

③ 《章学诚遗书》卷二九《上执政论时务书》，第328页。

④ 《章学诚遗书》卷二九《上执政论时务书》，第328页。

⑤ 《章学诚遗书》卷二五《复社名士传》，第264页。

官员贪赃枉法，私吞国家财产，造成国库亏空，为了弥补亏空，又"上下相与讲求弥补，谓之设法"。而所谓的"设法"，其实就是巧立名目，以更大的力度搜刮民脂。少部分人侵吞了社会的大部分财富，其后果却要由占人口绝大多数的被剥削者承担。毫无疑问，吏治腐败是国家的致乱之源。

吏治腐败，短时间内会损害国家财政，更为恶劣的是它使得民不聊生，社会乱象频发，导致政府失去老百姓的信任与支持，无法正确稳定地引导社会进步。"民不受惠"，社会一定会出现混乱。"水能载舟，亦能覆舟"，只有实心实意地为人民服务，才能守好江山。吏治清而风气正，风气正而国家兴。章氏这种经世意识、实用意识，是值得肯定的。

治理腐败作为国家大事，"盖时势得失所系，亿万生命所关"①。"时务六书"中不仅批评朝政腐败的现实，还提出了应对危机、纾解困局以图长治久安的诸多措施。

"时务六书"的主要观点可以被概括为"治安三策"：一则并举增容，广开言路；二则思考"国家大计"要"问先政治之得失"，政治之得失在于吏治之清浊；三则"弭寇先须清吏治"，吏治之重在"督抚"，吏治之清在于祛"威""权"、复"礼""义"等。这就是章学诚为解决当时社会、经济和政治危机而提出的一揽子方案。

那么，如何践行"治安三策"呢？

----

① 《章学诚遗书》卷二九《三上韩城相公书》，第330页。

首先，针对广开言路之策，仁宗虽有"凡九卿科道，有奏事之责"的旨意，似乎已颇为宽宏大量，但章学诚指出自己"拟为论时务书，反复三千余言，无门可献"，认为"今当大开言路之时，则科道一途，尚嫌其隘"①，科道官虽以谏言为己任，但他们靠朝廷俸禄养家糊口，"国计民生常时素未究心"，因而需要大大放宽谏言者范围，使有能力议政者都能进言。章学诚并非空谈广开言路，而是提出了具有可行性的办法，如扩大除言官以外其他职官的言事权，或是开放民间言路，使"掾吏末流、青衿贱士"也可以进言，又或者通过改革科举，选拔专门的"直言"人才。

其次，要严惩腐败分子。"贪吏上盗下敛，并合所聚"②，天下官员所贪污的钱财定能弥补国库所亏之数，"追籍贪污官吏，搜查隐匿"，抄没他们的"家产"，可以大大充实国库。仅抄没腐败分子的非法所得不能起到持久的效果，还需要当权者"率先恭俭廉隅"。正所谓"上行而下效"，想要吏治清明，高位者必须以身作则，"正己率属，严绝赃私"，而"不苛暴于民"，这样才可以整顿吏治，实现政治清廉。

最后，抚驭必因形势。章学诚提出皇帝无法有效治理是导致督抚权力过重、吏治腐败的根本原因。督抚掌握地方"设法之权"与"甄别斥陟之权"，地方大权在握。州县一级的下属为

---

① 《章学诚遗书》卷二九《上尹楚珍阁学书》，第331页。
② 《章学诚遗书》卷二九《三上韩城相公书》，第330页。

了在官场生存不得不奉承督抚。"以良民胁从推之，则吏治之坏，恐亦有类于胁从者也"[1]，就如同良民被官员"逼反"，州县官也被掌握过多权力的上级长官胁迫着进行权钱交易。昔日"上使下以礼，而不为威权，下之奉上以义，而不为阿附"[2]，而今日出现督抚权力失控影响官场风气的情况，关键原因在于身为最高统治者的皇帝缺少驾驭官员的能力。章学诚在当时能够提出这样的观点，已是勇敢地触及了封建君主专制制度的弊端，值得肯定。

三、取消恩科，建立直谏科

章学诚还建议改良科举制度，取消"恩科"，建立"直谏科"。他的理由是，恩科本质上是常科，只会增加考生的考试成本，意义不大。可换成"直谏科"，"责令九卿节镇，访遇明达治体，深通时务之儒，圣上亲策于廷，使条举方今利弊，务取切实有用，可见施行，拔擢数百十人，试之以事，总不十得其五，亦必较寻常科举中人，稍有新锐气也"[3]。从各地搜罗明达治体、深通时务的儒生，由皇上亲自殿试，选拔能提出切实有用政策的人才，再让其在实务中锻炼自身能力，给社会带来新锐之气。这与后世通过实务锻炼人才的做法有相似之处。

---

① 《章学诚遗书》卷二九《上执政论时务书》，第327页。

② 《章学诚遗书》卷二九《三上韩城相公书》，第330页。

③ 《章学诚遗书》卷二九《与曹定轩侍御论贡举书》，第332页。

四、建立官府图书馆

章学诚认为江南藏书只能"存一时之籍而不复计于永久，著一家之藏而不复能推明所以然者广之于天下"[1]。他认为私家藏书拘泥于"私门"而不能流通，大量珍贵的古籍被视为私产而不现世，不利于学术的传播与交流。于是，章学诚将关注的重点放到了古人身上，在《〈藉书园书目〉叙》中，他说："夫古者官府守书，道寓于器，《诗》《书》六艺，学者肄于掌故而已。"[2]也就是说，古时由官府承担藏书职能，学者来管理这些书籍，而"古职之失守而学者无所向方故也"[3]，官府不再守书就会导致学术发展的混乱。章学诚主张应该由官府来主导典籍的收藏与流通，这样一来，原本私人收藏的典籍图书就进入了公共领域，由"私产"转变为"公产"。实际上，章学诚提出"藏书于官府"的观点不仅是为了促进学术传播，更重要的是为了让政府掌握学术的阐释权，避免私家学人随意解释典籍中的内涵，曲解"道"的真意，从而使"道"流于异端。

章学诚为什么会产生"藏书于官府"的观点呢？这可能与他的交际圈有关。他接触到的有名望的学者或官员，如朱筠、戴震、毕沅等，与当时各类国家文化项目都有着千丝万缕的联系。此外，章学诚曾寄居朱筠家中，与他的关系非常紧密。章

---

① 《文史通义新编新注》外篇二《〈藉书园书目〉叙》，第515页。

② 《文史通义新编新注》外篇二《〈藉书园书目〉叙》，第514页。

③ 《文史通义新编新注》外篇二《〈藉书园书目〉叙》，第514页。

学诚曾与朱筠就"求书"与"治书"等问题进行过深度讨论。有学者认为，正是在章学诚的影响下，朱筠才在奏章中提出了"著录校雠并重"的看法。[①]《四库全书》的修撰，必不可少的一步就是由官府出面组织征书工作。从乾隆三十七年（1772）开始，至乾隆四十三年结束，征书耗时整整七年，政府采取了奖书、题咏、记名等各种奖励政策鼓励私人藏家进呈藏书。

此外，在社会政治思想上，章学诚提出"三王不相袭，三皇、五帝亦不相沿"[②]的变革思想，批评"执古以概今"[③]的思想。他认识到了人才对于国家治理的重要性，并提出了一些人才选拔和考核的具体办法。

---

① 李金华：《章学诚与〈史籍考〉编纂新论》。

② 《文史通义新编新注》内篇一《易教上》，第1页。

③ 《文史通义新编新注》外篇一《家谱杂议》，第497页。

一、对女性处境的认识

如今研究清代妇女史，有两位学者是绕不过去的，那就是袁枚与章学诚。袁枚（1716—1798）少有才名，喜好诗赋，乾隆十四年（1749）后，辞官隐居于南京小仓山随园，吟咏其中，广收女弟子，作《随园诗话》，其中选录女子诗尤多。"四方士至江南，必造随园投诗文，几无虚日"[①]，袁枚生前名气颇大，虽已辞官，但仍以名士身份游走于权贵大公之门。在袁枚"性灵说"的主张与他本人广收女弟子的"骇俗"举止的影响下，当时社会上掀起了一种提倡女学的风气。这无疑是对女性寻求合法途径表达自我情感与才华的迎合，以及对狂热贞烈思想与传统封建礼教的反抗，势必遭到猛烈反击。袁枚卒后，对他的批评指责随之甚嚣尘上，有人甚至意图将《随园诗话》毁版。

---

① 姚鼐：《惜抱轩文集》卷十三《袁随园君墓志铭》，嘉庆三年刻本，增修本。

而在批评袁枚的诸多学人中，章学诚最为尖锐。为批判袁枚，他专作《妇学》《〈妇学〉篇书后》等文表达自己的女性观，"近有无耻妄人，以风流自命，蛊惑士女"①等语，一时流传甚广。据陈东原考，章学诚"《妇学》篇出后不久，即翻刻许多板，流传极广"②。批评袁枚而作的《妇学》篇影响如此之大，难怪胡适会认为此篇是章氏作品中"流通最早最广者"。

在读者心中，袁、章二人的形象是不是大胆反抗封建礼教的斗士与冥顽不化的"老夫子""卫道士"呢？五四时期，在呼唤提倡新道德、反对旧道德的迫切需求下，袁枚的主张被视为"打破道统的情欲主义"，学人们将他作为五四时期"身体解放"观念和书写真实生命的"文学革命"先锋。相较于进步开放的袁枚，章学诚则被批判成固执保守的旧思想代表，就连当时最了解章学诚的胡适也在《章实斋先生年谱》中将其斥为"以卫道自居"。

其实，想要了解章学诚的妇女观，必须结合其特殊的立场与形成背景。近年来，不断有学人提出对章学诚女性观的重新认识。如徐适端认为章氏有"反对前史程式化烈女传的陋习""看重妇女的社会地位和历史作用""推崇妇女的才干""主张夫妇之间平等相待"及"重新评估烈女价值"五项贡献。③黄晓

---

① 章学诚：《乙卯札记　丙辰札记　知非日札》，冯惠民点校，中华书局1986年版，第181页。

② 陈东原：《中国妇女生活史》，商务印书馆1998年版，第202页。

③ 徐适端：《也谈章学诚的妇女观》，《史学史研究》2005年第2期。

丹认为"相对于袁枚等人，章学诚的主张代表了一种较为保守和缓的性别观念变革需求"[1]。曼素恩（Susan Mann）对章学诚赏赏有加，甚至将《妇学》篇推至"中国女性文化的首部历史"的高度。[2]可见，五四时期对于章学诚女性观的认识存在偏颇，只有去除时代需求的影响，方能客观看待他具有进步性的女性观。

让我们暂时搁置颇具争议的《妇学》篇，看看章学诚在其他文章中对女性的认识。据统计，在《章学诚遗书》中，为女性单独作的纪事、行实、寿辞、祭文、墓表等共有二十九篇，另有家传六篇。除了应酬之作外，其他作品均记述了族中或乡里各种底层女性的生平故事，时间跨度为明末到清中期。黄晓丹认为，章学诚笔下的女性传主与袁枚身边那些"才""文"兼备的佼佼者不同，她们始终面临着"个人和家庭如何能够顺利地生存下来、维持下去"的问题。

在中国古代，无娘家依靠的已婚女子在夫家的地位往往取决于其生男或生女，若膝下有子，在夫家的地位便会稳固不少，即使回到原族，族人往往也会给予孤儿寡母照顾。但若产下女儿，母亲很有可能承受极其不堪的待遇。女性无法把握自身的命运，生存的权利掌握在他人手中，也很难承担反抗的后果。

---

① 黄晓丹：《清中期女性的群体危机与解救之道——章学诚的女性传记、女性观和女性史》，《烟台大学学报（哲学社会科学版）》2013年第4期。
② 曼素恩：《章学诚的〈妇学〉：中国女性文化史的开篇之作》，载伊沛霞、姚平主编：《当代西方汉学研究集萃·妇女史卷》，上海古籍出版社2012年版，第187页。

在这种情况下，女性隐忍的程度决定了其生存的空间。从这样的社会现实出发，章学诚认识到了女子的"顺从"是迫于生存的无奈。在《高太宜人家传》中，他借高氏之口说："太宜人自言生平未尝稍放其心，盖生长忧患，操危虑深，古人所以资知慧者，厥有由也。"①在传记中，章学诚大力鼓励、赞许女性的"隐忍"品行。只要传主表现出隐忍图报的倾向，即使失节失行，他也愿意为其立传。在今人看来，章学诚似乎是在鼓励女子放弃争取自由的机会，但读者应该考虑到当时尚处于中国封建社会晚期，女性群体客观上并不具备斗争的独立力量。章学诚意识到了女性处境的无奈，但他并不具备改变社会观念的能力。在这种情况下，女性通过表现得隐忍顺从而保障自己在家庭中获得更好的生存处境，实属无奈之举。

要是认为在章学诚眼中，女性应是逆来顺受的羔羊，那就大错特错了。实际上，章学诚表示出了对性格坚毅、修养与能力兼备女性的赞扬。在《皇清例封孺人邵室袁孺人墓志铭》《沈母朱太恭人八十序》和《为欧阳先生撰祭涂母江太孺人文》等文中，他盛赞了女性的持家才能，比如称赞"既治织纴，躬课耕获，内自刻苦，持节旨蓄"的袁孺人，"呜呼，若夫人者，刘向所传，曹大家所颂。按古今仁智贤哲之伦，庶几近是"②。在章学诚眼中，女性作为家庭的中流砥柱持家有方，与贤哲治理

---

① 《章学诚遗书》卷二〇《高太宜人家传》，第198页。

② 《章学诚遗书》卷一六《皇清例封孺人邵室袁孺人墓志铭》，第158页。

天下是相通的。此外，他非常赏识有远见卓识的、气度格局不凡的女性，肯定她们因读书明理而获得的从容处世的能力，称赞她们有"古名臣贤母之风"。

在章学诚笔下，还有一类烈妇贞女，她们因战乱或匪盗失去了父亲或丈夫，便以身殉之。晚明以来政治动荡、国家长期面临危机的社会背景下，知识分子借宣传烈妇贞女对操守的极端坚持，变相表达自己即使面临殒身的威胁或变节的诱惑也绝不妥协的节操，从而达到自我勉励的效果。因此，烈妇贞女被塑造为一种精神符号，同时也带上了政治色彩。书写烈妇贞女的风气在乾嘉时期达到了高潮，几乎形成了一种宗教式的狂热。章学诚也不例外，他大力称赞殉道之女，甚至编撰怪力乱神之事，以强调固穷守节精神的高尚。比如在《景烈妇传》中，他塑造了一个丈夫抗清失败而亡，自己自刎殉夫的景氏烈妇形象。景氏自刎后，"赫然如生人，始嗟异之，然而阴风飒起，飞瓦忽坠椽间，击典史腕，骍然有声，官役相顾失色，徐曰烈妇有灵、烈妇有灵，相与肃拜而去"[1]。章学诚借这些殉身烈妇之口，称"古人明理，所遇治乱生死，皆足乐也"[2]。很明显，他是借烈妇贞女赞扬杀身求仁、舍生取义以在灾难面前保存人性尊严的儒学根本。

可以看出，不同于袁枚关注女性表达自我情感与才情，章

<hr>

[1] 《章学诚遗书》卷二〇《景烈妇传》，第201页。
[2] 《章学诚遗书》卷二〇《景烈妇传》，第201页。

学诚更关注女性的现实生存处境。他批评袁枚是由于袁枚提倡的女学无助于解决女性整体性危机，只能帮助个别具备才华的杰出女性表达自我，这也符合他一贯坚持的"经世"主张。如何解决女性在各层面上面临的危机？章学诚在《妇学》等篇中提出了他的解决办法。

二、"妇学"之重要性

何谓"妇学"？"妇学"一词，最早见于《周礼·天官冢宰第一·九嫔》。在《妇学》开篇，章学诚使用了他常用的托古手法，借《周礼》阐明了妇学的内涵："《周官》有女祝、女史，汉制有内起居注，妇人之于文字，于古盖有所用之矣。"[1]在章学诚看来，妇德、妇容、妇言、妇功四德是针对古代妇女的言行举止是否得体所设立的基本衡量标准，只能有所增益而不能无故减损。由此，他指出与古义包含"德言容功"四个不同层面的妇学相比，袁枚单一追求文学上"才""学"的女学主张是狭隘错误的："妇学之名，见于《天官》内职，德言容功，所该者广，非如后世只以文艺为学也。"[2]真正优秀的女性"非谓才华炫耀，惊流俗也"[3]。

"是知妇学亦自后世失传，三代之隆，并与男子仪文，率由

---

① 《文史通义新编新注》内篇五《妇学》，第307页。

② 《文史通义新编新注》内篇五《妇学》，第307页。

③ 《文史通义新编新注》内篇五《妇学》，第309页。

故事，初不为矜异也。"①在章学诚的认知中，妇学之于女子，好比经史典籍之于男子，可谓立身之本。这是不是说妇女就不需要学习文化知识呢？并不是这样的。章学诚强调经礼文辞对于妇学的必要性，因为若不遵《周礼》、不习辞章，则将无以为学，更无法领会妇学之真谛。"至其学之近于文者，言容二事为最重也。"②"德言容功"中，章学诚认为妇言和妇容是最为基础和重要的，而此二德的培养都需要妇女对《诗》《礼》有深入的学习和理解，"古之妇学，必由礼以通诗"，"六艺或其兼擅者耳"。③

此外，在"尊古"思想的指导下，章学诚从三代典章制度出发，指出妇学发源于宫廷，且有女祝、女史等明确的职业分工，因此古之妇学在政治层面上具有正统性和合法性。女性的成就并不亚于男性，甚至在必要的时候可以代替男性起到传承文化和道统的作用。但由于各种历史原因，三代经典中正统的妇学内涵在后世逐渐偏离原意，以至于如今的妇学在袁枚等人的误解与简化下，变为单一地崇尚诗文辞章之才。他认为，这种"妇学废"的现象可以等同于"小学废""师说歧"之类的儒家核心危机，这就将妇学从社会风尚层面拔高到了儒家思想的高度。"妇学废而士少齐家之效……若夫妇学之废，人谓家政不

---

① 《文史通义新编新注》内篇五《妇学》，第307页。

② 《文史通义新编新注》内篇五《妇学》，第312页。

③ 《文史通义新编新注》内篇五《妇学》，第312页。

甚修耳。"①由此看来，妇学问题不只关乎女性群体的修养，而且是儒家政治体系建构中的重要一环。因此，章学诚迫切地希望辨明妇学的正统地位和内涵，纠正狭隘化的妇学观念，使其回归三代传统。

（一）肯定女才

今天，影视剧中的老爷们常常会对自家小姐说"女子无才便是德"。章学诚认为大部分人都曲解了这句话的内涵，他们将女子的才学与德行放在了对立面，认为女子才德不能兼具，这纯粹是望文生义。"古之贤女，贵有才也"②，他认为"女子无才便是德"是专批那些"小有才而不知学，乃为矜饰骛名"③的女子，这些人没有真才实学，只会打着才女的幌子沽名钓誉，"转不如村姬田妪，不致贻笑于大方也"④。对于真正合乎礼的有才学的妇女，章学诚予以肯定与认同。当时许多人认为蔡文姬是淫奔之人，德行有缺，不宜列入《列女传》并录入正史，章学诚却认为她诗文才华过人，有难得的真才实学，应该为其立传。落到具体的实践上，章学诚为那些颇具才学的妇女书写了不少传记，包括文君之诗与乐、宋氏之传授《周礼》、李易安之金石学和婉约词、管道昇之精妙书画等。

① 《文史通义新编新注》内篇五《妇学》，第317页。

② 《文史通义新编新注》内篇五《妇学》，第312页。

③ 《文史通义新编新注》内篇五《妇学》，第313页。

④ 《文史通义新编新注》内篇五《妇学》，第313页。

女子应该如何培养自身才学呢？章学诚认为，"妇人文字，非其职业，间有擅者，出于天性之优，非有争于风气，骛于声名者也"①。很明显，此言针对袁枚而出。章学诚认为并不是每一个人都有作诗文的天赋，妇女学习文辞章句要遵从自己的天性，不要盲目跟风，"骛于声名"。"古之妇学，必由礼以通诗，今之妇学，转因诗而败礼"②，他指出妇学原本是由勤学知礼而晓诗文，今日之妇学却错将文辞之学当做妇学的核心和根基。"以学为本，不限与才"③，妇学本没有天赋才学的门槛，"以礼为本"，谨遵礼法纲常，发乎情，止乎礼，自然可以"通于诗"。

（二）智力平等

在很长一段时间内，我国的一些历史影视剧中的女性常被观众们戏称为"花瓶"，因为她们往往被编剧塑造成外貌姣好、知识浅薄的形象，这种对封建社会女性的刻板印象源自认为妇女在智力上低于男子的传统观念。在《〈妇学〉篇书后》中，章学诚对这种旧有观念进行了批判，他说"夫聪明秀慧，天之赋畀，初不择于男女，如草木之有英华，山川之有珠玉，虽圣

---

① 《文史通义新编新注》内篇五《妇学》，第308页。
② 《文史通义新编新注》内篇五《妇学》，第312页。
③ 黄晓丹：《清中期女性的群体危机与解救之道——章学诚的女性传记、女性观和女性史》。

人未尝不宝贵也，岂可遏抑，正当善成之耳"①。意思是说，上天赋予人聪明才智，并未因男女有别而有所偏颇，对待每一个人都是平等的。人有智力，就如同草木自有英华，山川孕有珠玉，这是连圣人都格外珍视的东西，岂可人为抑制！所以男女在才智上不存在高低、优劣之分，是彼此平等的。男性也不应该打压女性，贬低女性本有的聪明才智，阻止女性接受教育，因为"然于礼陶乐淑，则上自王公后妃，下及民间俊秀男女，无不相服习也"②。

（三）婚嫁上主张夫妇平等相待

明清时期，在社会压力与礼教规劝之下，守贞的风气盛行。若未婚夫在婚前遭遇意外，不幸逝世或失踪，很多女子会主动或被迫地选择一生不嫁，为未婚夫保守贞操。一些女子甚至自杀殉夫，以示忠贞。章学诚并不赞成这种行为，"事不出于先王典礼，故旌典不立其名目"③，他认为先王典礼中并无对女子守贞的要求，所以旌典之中并未立其名目，且相关律令也不存在于旌典之中。"然天性独至，各行心之所是，岂必皆为鹜名"④，守贞这种做法本是出于妇女自愿，儒家经传典籍中并没有对这

---

① 《文史通义新编新注》内篇五《妇学》，第317页。

② 《文史通义新编新注》内篇五《妇学》，第317页。

③ 《文史通义新编新注》外篇一《〈述学〉驳文》，第362页。

④ 《文史通义新编新注》外篇一《〈述学〉驳文》，第362页。

类行为的记载，古之儒者并不倡导这种行为。①近世以来褒奖守贞女子的行为，是因"怜其意"而"破格旌之，于是知功令为仁至而义尽也"，以"树清风"。对于未婚殉夫的行为，章学诚引用孔子答曾子问之语，认为古来没有未婚男子为妻守志和殉妻的做法，未婚女子也不必如此。他认为未婚之人并没有事实上的夫妻之实，若未婚夫不幸离世，女子在葬礼结束后即可解除婚约，只需要做到凭吊即可。即使不去吊唁未婚夫，也是无可指责的。

三、改"烈女传"为"列女传"

章学诚主张恢复能够容纳妇女才学和特长的"列女传"以取代主题狭隘的"烈女传"。

他认为妇女应该享有跟男子同等的列传资格和权利。据学者统计，《永清县志·列女传》入传妇女二百零一人，《湖北通志未成稿·列女传》入传妇女一百二十一人，《湖北通志检存稿·节妇传》入传妇女八人，计有三百三十位女性被章学诚列入史传。读者或许注意到了，不同于以往的"烈女传"，章学诚所作的是"列女传"，这可被认为是章学诚在女性史传上的最大贡献。

《〈永清县志·列女列传〉序例》中，章学诚说明了自己以"列女传"代"烈女传"的原因。他首先追溯了"烈女传"

---

① 参见《文史通义新编新注》外篇一《〈述学〉驳文》，第362页。

的由来："列女之名，昉于刘向，非烈女也。"①班固在《汉书·刘向传》中记载，刘向开创了"列女传"，最初有"母仪""贤明""仁智""贞顺""节义""辩通""孽嬖"七类，以德才兼备为选录标准。而自范晔始，"列女传"被正式纳入了正史。"刘知几讥范史之传蔡琰，其说甚谬，而后史奉为科律，专书节烈一门"②，刘知几反对范晔将蔡文姬列入正史的做法，因而后世为此专列"烈女传"。明代正史"列女传"开始独贵节孝，清代更狭隘，"独贵节烈"，因此清代"列女传"就成了"烈女传"。章学诚对此相当不满，他指出"烈"是一种狭隘的评判，"妇德之不尽出于节烈"，将女性全部特质简化为"烈"，不足以概括真实的女性生活，也不能帮助指导女性正常生活。而且，将"烈"作为评判女性的最高标准，掩盖了优秀女性取得的卓越成就，也贬抑了"孝女义妇"这些一般女性也可以谋求的道德成就的价值。

在《列女传》中，章学诚坚持传主必须以本名入传，而不以夫姓称之，"非男子之文，何必先出夫名？是已有失列女命篇之义矣"③。他认为"今志家乃去姓而称氏，甚至称为该氏，则于义为不通，而于文亦鄙塞也"④，用夫姓取代本名，不合情理。现在世人所作的各种《烈女传》中，也往往不称女子姓氏，

---

① 《文史通义新编新注》外篇五《〈永清县志·列女列传〉序例》，第978页。

② 《文史通义新编新注》外篇五《〈永清县志·列女列传〉序例》，第978页。

③ 《文史通义新编新注》外篇五《〈永清县志·列女列传〉序例》，第980页。

④ 《文史通义新编新注》外篇四《与石首王明府论志例》，第877页。

以某某"节妇烈女"称之，在章学诚看来，这种行为"尤害理也"。"有名者称名，无名者称姓"①，在章学诚的《列女传》中，姓氏可考的女子皆以本名称之，对于姓名不可考的女子，则注明其所处地名等信息。这种行为无疑是保护了女子个人取得的成就，可以极大地激励女性，激发她们的自主意识，从而使得女性获得源于自身的精神动力，以修妇学。

此外，在《列女传》中，章学诚将女性"曲从"的品质书写为其深明大义、坚毅果敢的外在表现。在章学诚笔下，女性负有强烈的担当精神与坚韧不拔的特质，比如《永清县志·列女传》中的李氏四十年独自耕种，不受他人粒米之恩；《湖北通志·列女传》中的另一位李氏跨越千山万水，历经八年，归葬夫柩。在这种书写风格的延续之下，章学诚在《列女传》中首创了"才烈"和"侠烈"，讴歌国破家亡时因不肯投降屈节而自尽的女性。虽然她们中有的是社会地位低下、饱受世人轻视的歌姬，但章学诚仍旧为其立传，大力赞扬其为道义而殉身的行为。看到这里，读者心中的章学诚还是那个冥顽不灵、固执保守的"卫道士"吗？正如黄晓丹所言，章学诚的女性观代表了一种较为保守和缓的性别观念的变革需求。②它并不寻求激进的变革，却在有限范围内，尽最大可能改善女性群体的生存境遇，并在此基础上，做出一些小的，但价值不凡的突破。

---

① 《文史通义新编新注》外篇四《与石首王明府论志例》，第877页。
② 黄晓丹：《清中期女性的群体危机与解救之道——章学诚的女性传记、女性观和女性史》。

一、临终前写《浙东学术》篇

嘉庆五年（1800），章学诚作《浙东学术》，梳理浙东学派源流。此时，他已目不能视，双耳重鸣，为什么还要强撑着写此文章？最为合理的解释是章学诚希望向后人明确自己在学术谱系中的定位。"爱我如刘端临，见翁学士询吾学业究何门路，刘则答以不知。"[1]翁方纲关注到了章学诚，但无法理解他是什么门派，而章学诚的知友刘端临竟也无法回答，可见世人并不了解章学诚的学术，所以他试图回答这个关乎自己学术生命的大问题。

早年的章学诚常年在北方学术中心区活动，各路学派在北京碰撞交流，拓宽了他的学术视野。自乾隆六十年（1795）初，他从湖北回到绍兴城居住以后，主要在浙西活动，学术重心也

---

[1] 《文史通义新编新注》外篇三《家书二》，第818页。

随之转移。通过对钱塘江东、西各地学术脉络及特点的比较，他形成了清晰的浙东、浙西学术概念。此处的东、西分界为钱塘江。钱塘江大致呈西北-东南状，以钱塘江为界，浙江在地理上可以被大致分为东、西两半。受此影响，自唐代始，浙江地区就有浙江东道、浙江西道之分。宋改称浙江东路、西路，是两个一级行政监察区。明清时期，设浙江省。大体上说，以钱塘江之西的杭州、嘉兴及湖州三府，称为"浙西"；而以钱塘江之东的宁波、绍兴、台州、金华、衢州、严州、温州、处州八府，称为"浙东"。

早在嘉庆元年（1796），章学诚在《与胡雒君论校〈胡稚威集〉二简》中就有"浙东史学，自宋元数百年来，历有渊源。自斯人不禄，而浙东文献尽矣"①的表述。此处章学诚的表述尚为"浙东史学""浙东文献"。史学是章氏所长，而"文献"近于"文化"，范围更宽。到了嘉庆五年，在《浙东学术》中，他最终选择使用"浙东学术"这一概念来总括浙东地区的各个学派。

学术谱系是事后人为追认与建构起来的，这种谱系建构传统始终为宋明理学家所保持。有一定的集体记忆，是建构不同学派的基本前提。建构是记忆的重新组合，组合的标准与方式，是由建构者当下的意境所决定的。历史编纂本质上也是史家的一种建构活动，表现为根据一定的标准，选择一定的人物与事

---

① 《文史通义新编新注》外篇三《与胡雒君论校〈胡稚威集〉二简》，第704—705页。

件，建构起自己认可的历史谱系。历史记忆的建构，存在于现实生活中，更存在于历史编纂之中。它可以是自主建构的，也可能是他人建构的；可以是前人建构的，也可能是后人建构的。中国的学脉建构，主要出现在宋以后。从名称上看，南宋时称为"渊源录"。到了明代中后期，出现"学系录""学案""宗旨""微旨""宗传"等说法。从内容上说，宋明谱系的建构，经历了由杂乱的"语录"到"宗旨""学脉"的转变。历史记忆的图像建构，既是历史的，也是现实的。不同时代的不同学人，建构不同的浙东学派谱系，有着不同的预设立场与目标。学者建构历史学脉是为当下目标服务的，即表明自己是历史学脉的当代传人。当黄宗羲提出"浙东学派"时，那就表示他是王阳明、刘宗周的当代继承人。当章学诚提倡"浙东学术"时，那是为了表明自己是浙东学术的当代继承人，从而与浙西经学相区别。

二、偏重心学的谱系建构

由于朱熹、陆九渊是宋元明清的学术主流派别，故《浙东学术》中着重强调了浙东的陆学、心学一脉。章学诚不仅对浙东学术追根溯源，论述了清代浙东学派的发展脉络和系统，还总结了它的一系列特点和主要精神。他认为浙东之学出于朱熹，但从鄞县"三袁"（袁燮与其子袁肃、袁甫）之后多宗江西陆九渊、陆九龄，不过宗陆不悖于朱。明代，有王阳明阐发孟子之致良知。明末有蕺山刘宗周将"良知"发展为"慎独"。刘宗周门下出黄宗羲，黄宗羲又为万斯大、万斯同兄弟开经、史之学，最后全祖望为浙东学术殿军。由此，浙东的学术传承谱系便一目了然了。章氏的思考特征，与心学有相似之处，但本质不同，标准不同。求心与求古，是二者的不同所在。

随后，他论及浙西、浙东学术的异同，指出世人多推崇顾亭林，并把他当做开国儒家的宗主，这是重视浙西经学的结果。然而，世人不知道浙东黄宗羲的地位可以与顾亭林并列，黄宗羲往上以王、刘为宗，往下广开后世经史的学问，"较之顾氏，源远而流长矣"[1]。顾亭林尊崇朱熹，黄梨洲尊崇陆九渊，然而他们都不是所谓的讲学专家，即那些常常各持门户成见的人，所以他们互相推重佩服，而不是互相非议诋毁。浙东重视专门之学，浙西崇尚渊博雅正，双方根据各自的学风特点去研习，互不攻讦。求学的人必须有宗主，但一定不能有门户之见，正因如此，浙东、浙西才能道并行而不相违背。读者可以看出，章学诚一直以来反对无益的汉学与宋学之争的理念与浙东学风是一致的。虽然常年在外漂泊，但他经世致用的观点毫无疑问是从浙东学术土壤之中生长出来的。章学诚进而强调"讲学者必有事事，不特无门户可持，亦且无以持门户矣"[2]。浙东学术涉及经学、史学、文学、科学等多领域，"虽源流不异，而所遇不同"。在世人看来，"阳明得之为事功，蕺山得之为节义，梨

① 《文史通义新编新注》内篇二《浙东学术》，第121页。

② 《文史通义新编新注》内篇二《浙东学术》，第122页。

洲得之为隐逸，万氏兄弟得之为经术史裁"①，浙东学术源流"出于一"，但各人学术之"面目迥殊"，"其各有事事故"。学术经世致用，"切于人事"，是消除门户纷争的根本方法。明白了这一点，便不难理解章学诚为何会认为那些执着于汉学与宋学之争的人是"惟陋儒则争门户"了。

"经世致用"的学术宗旨是浙东学术卓越超群的原因。章学诚指出"天人性命之学，不可以空言讲"②。所谓"天人性命之学"，即研究天与人、性与命的学问，也就是哲学层面的学术探究。"宋学之所以见讥于大雅"，就是因为"空言义理以为功"。事实上，反对空言著述的思想很早就出现了，孔子曾有言曰："我欲托之空言，不如见诸行事之深切著明也。"在章学诚看来，这正是《春秋》可以经世的原因，他由衷感叹："圣如孔子，言为天铎，犹且不以空言制胜，况他人乎！故善言天人性命，未有不切于人事者。"③对于夏、商、周三代的学术，后人只知道有史学而不知道有经学，正是因为这三代学术的主旨是紧紧贴合社会现实的，即所谓"切人事"。章学诚在文中还指出，史学之所以可以资治，是因为它不是空洞的著述。后人舍弃今世而迷恋古代，舍弃社会现实而谈论性命天人，是因为他们不懂得"天人性命之学，不可以空言讲"的道理，因此也不足以言史学。

---

① 《文史通义新编新注》内篇二《浙东学术》，第122页。

② 《文史通义新编新注》内篇二《浙东学术》，第121页。

③ 《文史通义新编新注》内篇二《浙东学术》，第121页。

学问如果无益于社会，"虽即精能"，亦无价值。浙东学术一脉的学者的治学经历与学术成果都具有明显的"经世致用"色彩。不仅如此，浙东贵专家，即注重独创精神的专门之学，而不只是停留在为前人的著作进行注释考订上。

三、从此浙东学派扬于世

"浙学"概念的嬗变，经历了两大阶段，一是宋代浙学，二是明代浙学。最早提出"浙学"概念的是南宋福建大儒朱熹（1130—1200）。"浙"是"两浙路"的简称，为一级行政区划名；"学"是儒学，儒学是传统中国文史哲综合性、人文性学术知识体系。所以，当时所谓"浙学"，本质应是"浙江儒学"。从逻辑学角度来说，概念的提出，是对事物本质的理解归纳的结果。现在看来，朱熹的归纳是正确的，"浙学"概念是成立的。"浙学"在宋末元初即已成正式概念，不仅外地福建学人、江西学人用，浙江本地学人也用。

明人很少提到南宋"浙学"，但他们敢称本朝王学为"浙学"，最初用的是"浙宗"。稍后，浙西德清籍学人蔡汝楠（1516—1565）提出"浙学"概念。与宋代"浙学"一样，明代"浙宗"也是由外省人提出的，这个概念后来也为浙江学人所接受。明末刘鳞长编《浙学宗传》，应是一部宋明浙江心学学脉史。黄宗羲所谓"浙学"，指明代浙东王学发展脉络。而全祖望使用的"浙学"，应是历史全程意义上的，囊括由南宋到明代浙学发展的不同阶段。

清以后，才开始出现以"浙东"为地域核心的术语。最早的术语是"浙东学派"。"浙东学派"的名称最早是由黄宗羲于17世纪后期提出的，指的是明初以来今绍兴、宁波地区学术发展的主要脉络，即浙东学统，或曰浙东学脉，而非现代意义上的学派。不过，当时使用不广。接着出现的"浙东史学"与"浙东学术"，均是由18世纪的章学诚首先使用的。由"浙学"到"浙东"，概念空间的缩小，受到了概念提炼者所处地域的影响。黄宗羲、章学诚，均是绍兴人，即浙东人。

"浙东学术"从此为人所继承，如19世纪后期，绍兴学者平步青继章学诚之后，较早地勾勒了浙东学术的学脉。值得注意的是，平步青所谓的浙东学术谱系，可上溯至宋末元初宁波的黄震、王应麟。进入20世纪以后，祖籍余姚的章太炎（1869—1936）在《清儒》中称"自明末，有浙东之学"。广东学人梁启超（1873—1929）接受了"浙东学派"的概念，且强调浙东学派重视史学。梁启超曾有言："浙东学风，从梨洲、季野、谢山起以至于章实斋，厘然自成一系统，而其贡献最大者实在史学。"[1]章学诚的"浙东学术"说，因章太炎、梁启超的大力推崇，而成为为20世纪学人所熟知的术语，传统的"浙学"反晦而不为所识。

浙东金华学人何炳松（1890—1946）经过概念的辨析，认为采用章学诚所定的"浙东学术"四个字比较适当，并认为南

---

[1] 梁启超：《中国近三百年学术史》，东方出版社1996年版，第117页。

宋以来的浙东学者多专究史学，所以不妨称"浙东的史学"。这一观点在宁波学人陈训慈（1901—1991）身上表现得最为明显。陈训慈研究清代浙东学术时，继承了"浙东学术"概念。刘咸炘、周予同、杜维运、宋晞、仓修良、朱仲玉、李纪祥、叶建华等人，均使用"浙东史学"。其间，现代学科不断专业化，而史学背景是促使这些学人继续使用"浙东史学"的重要因素所在。此外，吴光主张清代浙东史学派应更名为清代浙东经史学派。

近三十年来，"浙东学派""浙东学术"与"浙学"概念为学界频繁使用。20世纪90年代初，由于浙江经济的崛起，"浙江精神"的讨论开始提上议事日程。由此，"浙学"被重新打捞出来，吴光等人均有使用。目前来看，"浙学"有成为主流的趋势。这个概念在空间、内容上都被扩展了，更为全面了，同时更为驳杂了，自然也就引起了学人的怀疑，有人将这个现象称为"文化的解释"。

第四章

章学诚学术思想的历史影响与当代价值

对于前人的思想遗产，抱持敬重的态度比批判更重要。在中华文明的语境下，如何从社会文化建设的角度认识章氏著作的现代价值？章学诚学术经世的精神，可以为我们提供什么学术和智慧启迪？这些是常思常新的问题。本章主要从章学诚学术思想的历史影响与当代价值出发，以历史研究的宏观性反思、学者对国家文化建设的深层参与、方志学理论与实践的创新突破、个人学术使命与国家责任的担当、章学诚学术思想的回响等方面展开应用性分析思考，深入探讨章学诚在学术经世、史学理论、文化建设等方面的卓越成就及其对当代中国文化建设的启迪与贡献，指出一条传统史学智慧与现代文明发展紧密结合的可行路径。

一、批评旧时风，倡导新学风

顺治、康熙时代，许多学人治学有自己的学术灵魂、学术主旨，那就是经世致用。顾炎武的《日知录》是一部札记汇编，就倾注了作者经世致用的主旨。"自康熙中年，学者专攻制义，间有讲求经史，撰述词章之类，老师宿儒，皆名之曰杂学。"[①]而后全祖望虽然注重文献考据之学，但也有经世致用的学术灵魂。

乾隆中叶，"三十年来，学者锐意复古。……至四库馆开校雠，即为衣食之业"[②]。复古风引导了乾嘉学术发展，学风明显不同，人人竞言考据。如乾隆时代的史学主流是二十四史的整理与研究。这个时期的学术研究崇尚博雅，为学贪多、炫博，

---

① 《文史通义新编新注》外篇三《与钱献之书》，第795页。

② 《文史通义新编新注》外篇三《与钱献之书》，第795页。

认为一物不知，是儒者之耻；考索只管旁征博引，不管义理当否，认为不如此不足以让人折服；纂述只管详尽备列各说，不管有无矛盾。学者们自称遵循王应麟、顾炎武两位大师的教导，却将王、顾的学术灵魂搁置。王、顾当年的治学手段，现在成了他们的治学目的。为考据而考据，没有更高一层的目标。"近日考订之学，正患不求其义，而执形迹之末，铢黍较量，小有同异，即嚣然纷争，而不知古人之真不在是也。"①义即思想，章学诚的治学态度是从总体上把握前人作品的思想，而不是过度着眼于文字的细节考订。

章学诚对考据时风进行了猛烈批判。针对汉学洋洋自得的考据、博雅习尚，章学诚一针见血地指出考据不成家，"记诵名数，搜剔遗逸，排纂门类，考订异同，途辙多端，实皆学者求知所用之功力尔"②。这些活动仅是"求知之功力"，绝不是"成家之学术"。他认为，考据、札记是治学之阶梯，积久贯通后可以成为学问，但本身绝不是学问。博采是做学问的基础，但不能为博而博。想样样精通，读遍天下之书，不仅没有必要，而且也不可能。必须由博深入到专、约，才能将所学知识串联起来，也才能有所创新。

乾嘉时代又有宋学、汉学之争。自从乾嘉学派兴起后，学术圈内的派系之争由宋明理学内部的程、朱、陆、王之争，变

① 《文史通义新编新注》外篇二《〈说文字原〉课本书后》，第580页。

② 《文史通义新编新注》外篇三《又与正甫论文》，第808页。

为了汉学、宋学之争。学术界的情况是"尚考证者薄词章，索义理者略征"，宋、汉两派在义理与考证上各有所长，也各有不足之处，彼此水平可谓不相上下，已成"角犄鼎峙"。双方似乎执着于争个高低，持有深深的门户之见，于是"各分门户，交相讥议"，导致"义理入于虚无，考证徒为糟粕，文章只为玩物"①。有了偏见，就会难免为了证明己方的优秀而攻讦对方。在章学诚看来，这样的人"学问不求有得而矜所托以为高"②，算不得真正的学者。面对"颓风日甚，学者相与离跂攘臂于桎梏之间，纷争门户，势将不可已"③的情况，章学诚发表《言公》《说林》等文章，倡导学者抛弃对学术发展有害的门户之见，专注于真正有益的学术事业，进而"由坦易以进窥天地之纯、古人之大体也"④。在《浙东学术》中，他就曾直言"学者不可无宗主，而必不可有门户"。

在批判旧学风的基础上，章学诚明确主张新学风。他对学风的演变规律作了理性思考，认为这是一个新陈代谢的过程。"历观古今学术，循环衰盛，互为其端；以一时风尚言之，有所近者必有所偏，亦其势也"⑤，而"君子之学，贵辟风气而不贵

① 《文史通义新编新注》外篇三《与族孙汝楠论学书》，第801页。

② 《文史通义新编新注》内篇四《说林》，第226页。

③ 《文史通义新编新注》外篇三《又与朱少白》，第775页。

④ 《文史通义新编新注》外篇三《又与朱少白》，第775—776页。

⑤ 《文史通义新编新注》外篇三《与朱沧湄中翰论学书》，第710页。

趋风气也"①。作为一个高明的学人，"不宜以风气为重轻"，而应"持世"，救正时风，开创新学风。他的主张是兼采汉宋，"识大意""知大体"，加强宏观性、理论性研究，从整体上去领会、把握前人著述的精神内核，"即于数者之中，能得其所以然，因而上阐古人精微，下启后人津逮，其中隐微可独喻，而难为他人言者，乃学问也"②。

二、求真与致用相结合

古今中国，总体上讲求经世致用。经世致用是儒学的特点之一，而浙学能够充分体现儒学的这个实用特征。史学如何经世致用？立足当下，研究古今。学术考察，最终应落脚于当下。章学诚以文化活动为己任，直面社会，直面学术，直面当代人与事的实务研究，并非陷于书斋式思考。对道的探索，必须出入于生活世界与文本世界。章氏就是在生活世界与文本世界的交叉中悟道的，他"切于人事"，对史学经世致用的理解更为深刻。

章学诚秉持着强烈的学术经世思想。他认为"人心风俗不能历久而无弊"③，"因其弊而施救"，"持世而救偏"，而"君子学以持世，不宜以风气为重轻"④。内关学术，外益经世，将

---

① 《文史通义新编新注》外篇一《〈淮南子洪保〉辨》，第381页。

② 《文史通义新编新注》外篇三《又与正甫论文》，第808页。

③ 《文史通义新编新注》内篇六《天喻》，第332页。

④ 《文史通义新编新注》外篇三《家书五》，第823页。

学术价值与社会价值统一起来，强调"大义在君父，推阐为世教"。他的著作有两条红线："是非谬于圣人，忌讳或干君父，此天理所不容也。"①这符合当代教化的宗旨。不同时代有不同的世教，但就抽象的精神来说是相通的，因而"学术无有大小，皆期于道"。而"学术当然，皆下学之器也；中有所以然者，皆上达之道也。器拘于迹而不能相通，惟道无所不通，是故君子即器以明道，将以立乎其大也"②。

三、四部通观的整体思维

20世纪以来，我们逐步进入现代学科专业化时代，喜欢用现代的眼光看章学诚。这样得出的观察不免失之偏颇。章学诚所处的18世纪中国，是儒学或国学盛行的时代，其最大特点是经、史、子、集四部综合之学。由此，他强调四部通观。"惟于古今著述渊源、文章流别殚心者，盖有日矣。……比者校雠其书，申明微旨。又取古今载籍，自六艺以降迄于近代作者之林，为之商榷利病，讨论得失，拟为《文史通义》一书。"③由此可见，他的关注范围十分广泛，古今著述均包含在内。章学诚自称"于读书无他长，子史诸集，颇能一览而得其指归"④，自言"粗通大义，不能研究文字，自以意之所至，而侈谈班、刘述

①　《文史通义新编新注》外篇三《上辛楣官詹书》，第658页。

②　《文史通义新编新注》外篇三《与朱沧湄中翰论学书》，第710页。

③　《文史通义新编新注》外篇三《上晓徵学士书》，第649页。

④　《文史通义新编新注》外篇三《与胡雒君论校〈胡稚威集〉二简》，第704页。

业，欲以疏别著述渊源"①，又说"往仆以读书当得大意，又年少气锐，专务涉猎，四部九流，泛览不见涯涘，好立议论"②。广泛阅读，形成自己的思想，进而表达出来，立新奇可喜之论，是章学诚的学术特点。

章学诚善用整体化思考方式。如"夫六艺并重，非可止守一经也；经旨闳深，非可限于隅曲也"③。整体思维是成就章学诚一生宏观史学思考的基石。余英时认为，章学诚继承了陆、王"先立其大"的精神，进行适当改造，实现了由尊德性向道问学的转型。④此说并不一定贴切。章学诚从小即养成了"读书当得大意"⑤、"由大略而切求"⑥的习惯。从直接源头来说，章学诚父亲就有观大体的特点，因而他是受到了家学渊源的影响。长期地大略观书，能训练出较强的整体性思维能力。章学诚年轻时曾有一段较长的泛观期，这种泛观实际上是一种图书研习方法。要知图书大意，必须熟悉图书的框架结构，形成整体观，从而有所收获。此外，章学诚注重的"文史之争义例"是对作品整体框架的透视，并从中寻找得失。从整体上观察更易把握事物的本质，这是培养大家的关键所在。

---

① 《文史通义新编新注》外篇三《与钱献之书》，第794页。

② 《文史通义新编新注》外篇三《与族孙汝楠论学书》，第801页。

③ 《文史通义新编新注》内篇二《原道下》，第103页。

④ 《论戴震与章学诚：清代中期学术思想史研究》，第351页。

⑤ 《论戴震与章学诚：清代中期学术思想史研究》，第351页。

⑥ 《文史通义新编新注》内篇二《博约下》，第119页。

方向是博而专。"大抵学问文章，须成家数，博以聚之，约以收之。"①"学者祈向，贵有专属，博详反约，原非截然分界。及乎泛滥渟蓄，由其所取愈精，故其所至愈远。"②广博学而详研究，就是要在融会贯通中得出简要的精义。"夫学贵专门，识须坚定，皆是卓然自立"③，即从四部综合的研习中成专门之学。"学必求其心得，业必贵于专精，类必要于扩充，道必抵于全量，性情喻于忧喜愤乐，理势达于穷变通久，博而不杂，约而不漏，庶几学术醇固。"④有心得、专精，博约结合，是成学的最高境界。

原则是实事求是。"夫是者，天下之公允也。"⑤公允，指公平恰当，不偏袒任何一方。求是与求异，"如书家临帖，屈伸存乎笔性；将命传言，增减时乎口气。苟使帖意得神，辞命称旨，固不可有意求异，亦不须勉强从同，此则史家通义，尝与余村详辨之矣"⑥。不可有意求异，亦不须勉强求同，这就是实事求是的精神。"人心不同如其面目，意之所在，笔墨具存。"⑦实事求是，"如牙人品评物价"，是章学诚的最大特点。

---

① 《文史通义新编新注》外篇三《与林秀才》，第742页。

② 《文史通义新编新注》外篇三《与族孙汝楠论学书》，第801页。

③ 《文史通义新编新注》外篇三《家书四》，第822页。

④ 《文史通义新编新注》内篇二《博约下》，第120页。

⑤ 《文史通义新编新注》外篇二《〈郑学斋记〉书后》，第582页。

⑥ 《文史通义新编新注》外篇三《答邵二云》，第663页。

⑦ 《文史通义新编新注》外篇三《与钱献之书》，第796页。

目的是形成自得之见。"读书观大意，亦未始不可求学问，但要中有自得之实耳。中有自得之实，则从人之途，或疏或密，皆可入门。"①此处强调要有自得之见，这也是浙东学人最显著的标志。"若夫真知者，自知之确，不求人世之知之矣。"②自我认识是内在认知，他者认知是外在认知。自得之见是真知，是经得起内外认知检验的自信之见。

四、勇于立言又借古立言

勇于立言，能自申所见，是浙东学人的共同特质，也是学术大家的可贵之处。章学诚自得，"著作之事，必自己出"，"不求于古而惟心所安"。③"学以求心得"观念的提出，体现出章氏"不趋于时风"的学术追求与"不耽于毁誉"的学术勇气。

借古立言，是戴着镣铐跳舞。章学诚擅长理论思考，多是在传统概念的辨析中赋予其新的内涵，可以说是旧瓶装新酒。继承经典，超越经典是章氏的思维方式。《文史通义》中收录的文章，所用的都是老生常谈的题目，容易为人所忽视。然而，章学诚偏偏要以旧题目"成一家言"，他的学术抱负之宏伟可见一斑。他借古立言的另一个突出表现是以古人为典范。《文史通义》中章学诚一直在强调"古人是如何的"，如"古人之学，各

① 《文史通义新编新注》外篇三《又与正甫论文》，第808页。

② 《文史通义新编新注》内篇三《针名》，第191页。

③ 《文史通义新编新注》外篇二《〈郑学斋记〉书后》，第582页。

有师法，法具于官，官守其书，因以世传其业"①，这是典型的复古式理想表达方法。此"古人"，实际上是章学诚理想中的"完美学人"。按进步主义思想，古代是十分落后的；但在复古人士看来，古代却是繁荣的。这种想法显然不是真的尚古，而是作者为了展望未来、建构未来的假复古。近代西方将理想世界放在未来，而传统中国往往将理想世界安置于过去，这样可以增强权威性，从而为时人所接受。处在一个等级森严的封建社会中，章学诚作为一个人微言轻的小人物，只有托古言今，才有可能使自己的看法得到关注。

五、由学术史到学术理论

辨章学术，考镜源流。将各种著作按照学术流派分门别类，甄别考察它们的来龙去脉，是梳理源流的学术史研究。"以谓向、歆以后，校雠绝学失传，区区略有窥测"②，"大抵推原《官礼》而有得于向、歆父子之传，故于古今学术渊源，辄能条别而得其宗旨"③。章学诚认为，校雠之学之所以能够成为"辨章学术，考镜源流"的溯源之学，是得益于刘向父子的贡献。把古典目录研究变成了学术史考察，这是章氏的一大贡献。王锐说："章学诚所谓'辨章学术，考镜源流'，不仅仅是如'点鬼簿'一般，对于历史上的学术变迁进行简单罗列，而是要求

---

① 《文史通义新编新注》外篇三《上晓徵学士书》，第649页。

② 《文史通义新编新注》外篇一《与孙渊如观察论学十规》，第393页。

③ 《文史通义新编新注》附录《大梁本〈文史通义〉原序》，第1081页。

研究者能够充分把握历史上学术流变的总体特征，清晰辨识不同学派之间离合互动的复杂形态，细致考辨历史脉络中不同学术观点之间或显或隐的对话，以及能够系统分析某一时期学术主张对先前学术传统之间的继承或扬弃。"①也就是说，通过史部的学术史梳理，他对传统中国史学有了整体的把握。的确，刘知几、刘勰以后，只有章学诚做到了史学史层面的全面梳理。经由全面的学术史考察，章学诚熟悉了历代正史，形成了历史主义的思维方式，从古今千年历史中思考宏观问题，如此便有了大道观的探索。

章学诚探索大道采用的是直悟与实证相结合的思维。他的悟性非常高，理论灵敏度高。"凡事思所以然"，对事物的本质刨根问底，这个好习惯引导他进入了科学理论的思考境界。"天下至理，多自从容不逼处得之。"②章氏的很多观点，是"悟"出来的。这在风格上似与心学有相通之处，即都要经过"悟"一环。但二者内容不同，对象不同，所以结果不同。李慈铭称章学诚"自信太过，喜用我法"③。直悟，难免有这种特征。

章学诚擅长采用二分法提炼概念，不断细分，不仅说明某物是什么，更说明其不是什么。提炼的目的是否定他人的陈旧理念，提倡自己的创新想法。比如用记注、撰述两个概念区分

---

① 王锐：《民国学术史的"类型学"分析——〈鲁迅与顾颉刚〉述评》，《南方文坛》2019年第2期。

② 《文史通义新编新注》外篇三《家书一》，第816页。

③ 《越缦堂日记》，第84页。

三代前后史学之不同。他的二分法，不是分期，而应理解为标准。批评当下不足，必须有一个更高的标准。再比如治教合一与官师合一，实际上也是章学诚提炼出来的一对概念。章学诚之所以采用这种二分法，是因为"人之萃处也，因宾而立主之名；言之庞出也，因非而立是之名"①。主宾、是非，是在比较中成立的。主宾，涉及立场。立场不同，态度不同，说话方式不同。作品之"义有主客"，即作者的本意与读者的理解，厘清义之主客，对于史学理论研究很重要。

---

① 《文史通义新编新注》内篇二《原道下》，第103页。

一、当下需要通识性史学眼光

2019年，在中国社会科学院历史学部的基础上，中国历史研究院成立了。其中，新成立了一个研究所，称为"历史理论研究所"。历史理论研究所在马克思主义历史理论研究室、中国史学理论与史学史研究室、外国史学理论与史学史研究室的基础上，新设立历史思潮研究室（理论写作组）、中国通史研究室、国家治理史研究室、中华文明史研究室、中外文明比较研究室、海外中国学研究室。历史理论研究所的宗旨是：在学术上坚持古为今用、洋为中用的原则，致力于丰富与发展当代中国的马克思主义历史理论，倡导正确的历史观；在学科设置上打通古今中外，注重长时段、大历史研究，树立世界眼光，重视总结历史经验教训，致力于为当代中国的发展进步提供历史智慧、智力支持。

中国历史研究院副院长说："求解时代之问，最根本的就是要把握历史规律，认清世界大势，顺应时代潮流。"①当代学人需要不断研究国家关注的重大历史议题，可以是理论研究，也可以是应用性研究。中国通史、中国文明史、国家治理史研究属于宏观性历史研究，此类宏观问题的研究，须集史学界共同智慧来完成。此外，历史理论研究所各研究室均有专门性论坛，吸引全国同行共同探索这些重大话题。

传统的史学史研究，走了分段研究模式，而采用一切面向当代问题的分专业研究模式，可实现优势互补。历史学研究内容囊括古今中外，时空跨度大，对象多，因此一般按国别、时段来进行研究。受此学科总体特点的影响，国内外史学理论研究或史学理论家研究，也走向分国、分段研究，几乎与历史研究的分国、分段是并行的。虽并行发展，却互不影响。他们共同的缺陷是，缺少面向当代社会当代人问题的研究，对当今社会影响有限。

学术研究的发展有阶段性，在一些时期我们的确切实地需要纯粹的学术研究，但这样的模式显然已不适应时代需求了，今日宜提倡面向当下问题与需求、囊括古今中外的历史研究。既要研究历史上的史学实践活动，又要研究当下的史学实践活动。当代的史学实践活动，既有学术圈的专业史学，也有社会各界的历史记录实践，这些领域的历史问题均需要史家来梳理与回答。当年章学诚伟大之处在于，他在现实与文本的双向思

---

① 李国强：《探寻历史规律　求解时代之问》，《光明日报》2021年1月27日。

考中寻找至高的大道，切于人事，将经典历史化，让经典回归动态发展的视野，由史明道。进行古今中外融通的宏观性思考，不是完全否定原来的研究模式，而是提倡主动转型，适应时代的新要求。

二、通史编纂理论要不断创新

史学的最高任务在于探索事物在历史发展过程中的规律。清初史学家王夫之在《读通鉴论·叙论四》中称："其曰通者，何也？君道在焉，国是在焉，民情在焉，边防在焉，臣谊在焉，臣节在焉，士之行己以无辱者在焉，学之守正而不陂者在焉。"又说："经国之远图存乎通识。通识者，通乎事之所由始、弊之所由生、害之所由去、利之所由成，可以广恩，可以制宜，可以止奸，可以裕国，而咸无不允，于是乎而有独断。有通识而成其独断，一旦毅然行之，大骇乎流俗。"①这样的历史大视野，显然只有通史才能提供。

瞿林东教授说："通史之作与重大问题的提出相关联。"②从史学史上考察，某些重大的、根本性的历史问题和理论问题，往往是由通史著作提出来的，在学术史上具有长久的生命力。陈春声教授认为把握整体的中国文明或人类文明，才是历史研究的终极目标。③李振宏教授则认为通史家风虽由章学诚提出，

---

① 王夫之：《读通鉴论》，舒士彦点校，中华书局2013年版，第928页。
② 瞿林东：《论"通史家风"旨在于"通"》，《史学月刊》2020年第7期。
③ 陈春声：《新一代史学家应更关注"出思想"》，《史学月刊》2016年第6期。

然而是对中国史学重视贯通古今、强调通史观念传统的概括。[①]
当下中国史学发展所需要的，仍然是重视通史的优良传统。

历史学研究的类型是多样的，较低层次是考订，主流做法
是专题研究，最高层次是通史。司马迁之后，通史的质量欠佳。
明朝后期就有多部通史之作，但水平并不好。如邓元锡的《函
史》，章学诚少年时阅读后对此书意见颇大。为什么通史大多质
量欠佳？因为通史的编纂多停留于文献史学层面。所谓文献史
学，做的就是对已有文献的改编，这易导致后世通史篇幅越来
越长，质量却越来越低，最终无人阅读。通史撰者中，郑樵是
例外。他耗费数十年而成《通志》三十略，然而仅"略"部质
量颇高，纪传部分仍是因袭前人。章学诚想继承司马迁、郑樵
以来的通史传统，找到了路径，并设计出了体裁，但可惜无缘
动笔。

除传统叙事通史的革新外，章学诚还突破了考证史学的弊
端。王应麟以来的四部文献学，开创了全新的文本再生产之道，
但缺陷是学者易陷入文本泥沼无法自拔，其研究的方式是撰写
札记，成果的形态也以札记作品为主。这样的学术作品有其学
术价值，但过于碎片化，无法满足社会大众的阅读需求。章学
诚的贡献是突破传统文本，回归生活世界，在生活世界的思考
中形成新的文本。他欲建构一部反映生活世界面貌的新式通史，

[①] 李振宏：《通史·通识·整体性：当下史学需要通识性眼光》，《史学月刊》2020年
第7期。

究天人之际，穷古今之变，成一家之言。章学诚的中国通史编纂创新理论，进入20世纪以后受到学界的高度肯定。20世纪以来，最有名的史家，如郭沫若、翦伯赞、范文澜、白寿彝等，无一例外均是通史家。

近年，我国十分关注中国式现代化建设道路研究中的中华文明史研究，多卷本中国通史的重新编纂，就是继承了通史理论探索传统。目前，《中国通史纲要》《中华文明史简明读本》已于2024年出版。

三、为国力学是个人的终身奋斗目标

鲁迅认为："时间就像海绵里的水，只要愿挤，总还是有的。"在笔者看来，章学诚的经历完美地印证了这句话。他一生坎坷，但从未放弃治学，"撰著于车尘马足之间"，工作生活虽然艰辛忙碌，但仍可以挤出时间来做学问，这种坚持不懈的治学精神值得学习。只有独立行走，才能成功。跟随别人，永远只能人云亦云。人生之路，学术之路，均是如此。这是章学诚给我们最大的启迪。

如何平衡谋生与做学问，是很多学人的两难。章学诚重视做学问，今人则过于重视谋生。大体说来，满足生存的第一需求之余，才能考虑做学术的第二需求。但不可仅有当下奋斗的小目标，而没有长期奋斗的大目标。人的奋斗目标是多元化的，多数人是为个人利益而奋斗的，如拿一个学历、找一份工作、结婚生子等。可以持续奋斗一生的目标，当是为国家发展作出

贡献。人只有在国家发展的大背景中安排自己的个人生活，多讲奉献，才能获得更好的发展。

改革开放以后的大众教育，重在帮助人才找到社会出路，促进就业是高校的首务之一。国家培养了庞大的学生群体，如何让其找到适合自身特点的岗位，是一个艰巨的任务。读书人群体的关怀视野更加多元化。但现代利益多元，只顾做好自己的分内事，是主流，多数人只关注自我、家族、单位、地方利益。如何在满足自我利益的前提下，扩大个人的视野与格局，是今日需要引起重视的问题。

就个人来说，应做自己擅长的事，这是章学诚的亲身经验。"夫世之所尚，未必即我性之所安；时之所趋，何必即吾质之所近！舍其所长而用其所短，亦已难矣。"[1]章学诚不得不考进士，而考上以后又主动放弃入仕，是因为仕途不适合他。他选择了学术之路，虽然艰难，但仍不断努力，从未放弃。

天生我材必有用，重视个性化发展。章氏在史学方面有专门特长，与刘知几一样，熟悉四部图书。所不同的是，他能直窥史事，不再限于文本。他熟悉学术图书、体裁源流，能从形态上把握古今图书的生产规律。

自强自立，永不言弃。章学诚秉持科举与研究兼顾、工作与学术兼顾的精神。他有自己的学术世界，有自己的精神追求，故而不会轻易放弃，这种自强自立的精神值得学习。章学诚早

---

[1]　《文史通义新编新注》外篇三《与朱沧湄中翰论学书》，第711页。

年兴趣不在科举，屡遭失败，不过最终仍中举，故而他言学术与科举并不矛盾。不过，他当时已将学术思考当作了首务，所以最终他为了学术研究，放弃了入仕机会。章氏以自己的主动退居，实现了学术研究的纯粹性，这也暗示了进士出路的多元性：不一定非要当官，可以当学官。章学诚虽有失业焦虑，但并未放弃自己的学术研究目标，这种精神值得我们学习。

章学诚家庭负担沉重，却仍坚持己任，兼顾生计与学问，这相当不容易。在奋斗中，他秉持学术第一、生活第二的原则，大体上解决了生活与治学的矛盾。生活虽不富裕，经常断粮，但最终还是坚持下来了。

主动参与文化建设。章氏不走师爷、塾师、经商之路，而是走文化生产之路。当时兴起了方志编修风潮，他顺势找准了方向，积极参与此项活动。正史没有份，国史没有份，那就参与方志编修，这是民间史家可以发挥能力的地方。章学诚借参与修志丰富了对历史的理论思考，检验了他的历史理论。

在学问中梳理发展大道。学人应着力学术研究，为地方文化建设提供思考与建议。历史学人应当思考如何记录当代往事，在此基础上进一步梳理发展的大道，捕捉历史发展的趋势，思考如何建构未来，为今日建设建言献策。

持之以恒，永不屈服。学术人才培养很难，因为生存是人的第一需求。为了谋生，士人得以科举为业，而一旦中举并步入仕途，就没有时间做学问了，如章学诚的得意门生史致光最后就成为一个达官，搁置了学术研究。做学术研究的人，应当处理好读书治学与工作的关系。章学诚的儿子们一生挣扎在生存线上，既没有走通科举之路，又没有继承章氏学术研究之路，可谓两不当。守住宁静，方能静心阅读，方能凝神思索，方能潜心创作。要对治学始终保持一份执着，要对名利始终保持一份超然。章学诚的人生之路，正好是一个例证。如果没有足够的奋斗拼搏精神，大概率难以突破自我的极限。工作不只是谋生的手段，也是展示和重塑自我的大舞台。

要留下学术文本。学者要思考学术传承问题。章学诚有五个儿子，却没有一人能继承章氏的学术事业。章学诚一直在外地谋职赚钱，显然对子女的教育有所疏忽。他们没有继承父亲坚持思考写作的习惯，最终在历史长河中销声匿迹，实在是一大憾事。历史的世界是文本的世界，没有留下文本，个人终会消失。我们乐于看到章学诚这样善于发声的人，不希望人们习惯于默默无闻，不愿留下文本。多数人只能看到当下的有用与无用，而看不见更大时空的有用与无用。同样一件事，从不同的时空视角来看，会产生不同的评判。当下有用的，过段时间或成无用；当下无用的，过段时间或成有用。一切尚待历史的检验。

读书观大略，掌握精神大义，这是读书的基本方法。读书贵积累、勤札记、留文本，这是写作训练的起步。章氏"札记之功不可少"之语，至今仍不过时。他坚持的写作积累的好习惯，十分适合现代的碎片化生活，值得今人学习。领导干部忙于处理工作，读书写作的时间非常有限，但留下札记是可行的。

领导干部接触面宽，获取的信息量大，如果将它们及时记录下来，当是一笔巨大的思想遗产。

能自申所见。历代浙东学人的成功之道，最大的一条是自得。没有自得，走不出独立的道路。自得须依靠积累。有人说自己曾坚持写日记，但几个月后就放弃了。回过头来看，如果当时自己能少记无病呻吟的话，多写点读书学习的感悟，可能会坚持更久，有更大的收获。凡自得的见解，都是有价值的。对新手来说，重点在于首先养成写作习惯。人要及时留下文本记录，若无记录，事件往往随风而逝，而有了及时的记录，事后便有可追忆之资，这就是文本的好处。在记忆力尚好时写作十分容易，可一挥而就。人的大脑接触文本与生活以后，会形成各种想法。这时，只需及时表达就可产出文字作品了。没有平时的思考与写作积累，难以形成自己的思想，更难以写出成体系的文章。

以世界为视野，关注面变广后便容易发现新问题。世界广阔，关注的事多了，思考也多了。有些人认为思考是一件复杂而痛苦之事，因而不关注世界，只关注自我，自然比较悠闲。但对于有想法的人来说，思考是一项令人快乐的活动。

一、政府主导的文化建设

乾嘉时代，国家重视文化建设，上有《四库全书》等国家文化工程，下有地方志编修活动。明末清初人曹学佺认为，佛家有佛藏，道家有道藏，儒家必须有儒藏。可见，儒藏是三教竞争思想的产物。《四库全书》的编纂体现了儒藏编纂的理念，是一项国家典籍整理活动，属于政府行为，体现政府的意志，故而具有思想筛选功能，为政府接受的图书允许录入，反之则淘汰。不同于刊刻后在市场内自由流通的书，《四库全书》是手抄七套，分藏南北七个阁，如此的做法可能是为了体现国家版本保存的功能，实现国家对思想的控制。《四库全书》虽有种种不足，不过整体上值得肯定。编修大典促进了文献整理行业的发展，让文献考订成风。

章学诚之所以推崇周公，是受到了圣王思想的影响。大规模的文化建设活动必须由时王来倡导，最高领导拥有推动全国性文化建设事业的力量，是文化建设的引领者。学者虽有理想，但没有权力，思想得不到推广，无法付诸实践，因而难以改变社会面貌。只有文化建设的引领者与执行者的结合才会使文化事业走向成功，才能形成执行力。

今日的国家版本馆建设，就是这样的大型文化建设项目。保藏中华民族的文化瑰宝，聚焦文化种子"藏之名山、传之后世"主旨，国家版本馆"一总三分"，分布在我国的东西南北不同方位，分别选址于北京燕山、西安秦岭圭峰山、杭州良渚、广州凤凰山，形成总馆统筹引领、分馆特色鲜明、总分馆互为补益的保藏传承格局。浙江的之江文化广场建设，也是一个经典案例。之江文化中心有四个场馆，包括浙江省图书馆新馆、浙江省博物馆新馆、浙江省非物质文化遗产馆、浙江省文学馆。这样大型的文化项目，离不开政府的投资建设。21世纪，推进文化建设除了要重视硬件设施建设，更要注重数据库等软件建设。数据涉及国家安全，须由各级政府负责维护。建设永久性数据库，需要投入大量人力，必须由政府支持。

二、不入主流，难成一流

作为浙东学派传人，章学诚经世意识浓厚，以文人身份积极关注或参与文化工程策划。如官方抄《永乐大典》、编《四库全书》，以及民间编《史籍考》，章学诚都有关注或参与。章学诚虽没有资格参与《四库全书》编修，但他的许多老师、朋友都参与了此事，如邵晋涵负责史部提要编修。章氏本人也写了不少校雠类文章，最后扩充成了《校雠通义》一书。

章氏并非简单地呼应帝王思想。他重视官师合一，有文化生产创意，积极响应、推动政府文化项目，善于通过地方大吏的帮助来实现自己的主张。在地方大吏对文化项目有兴趣的情况下，只需解决人工成本，就可组织起项目。不过，弊端在于项目成败与官员个人升黜绑定。

同时代不同人有不同的任务。章学诚没有机会参与《四库全书》编修，但参与了地方志编修。章氏从绍兴到应城，再到北京，最后又回绍兴，开阔了个人视野。他让家人定居某地，自己则在全国各地谋职。在修志实践中，章学诚贡献了才华，也提升了思考能力，从而产生了系统理论。没有此类实践，章学诚的方志学理论、史学理论是不可能升华的。这也提醒我们，当代历史的编修实践，可以促进理论水平的提升。

三、提供决策建议

经世是儒家的传统思想，浙学十分重视社会治理。各级干部要秉持经世精神，"当好中国式现代化建设的坚定行动派、实干家"。

章学诚晚年时已"华发盈颠，两耳重听"，他的上书仍不含私情，体现了一种知识分子的担当精神。"建白自当择其大且要者，所谓得纲领而余可推也。"①等言路大开，收集了很多建议

---

① 《章学诚遗书》卷二九《上尹楚珍阁学书》，第330页。

的时候，又可以"集议之善择耳"。只是，当时学者的上书建议仅供参考。至于用与不用，都用哪些建言，则完全取决于朝廷自身的需求与判断。还有一个问题，那就是"建言与不言同，议准与不准同，所谓不壅蔽之壅蔽"①。即使皇帝认可建言、大臣制定了政策，地方官员也有可能执行不力。于是，章学诚又提出了加大执行力度的对策："即令条奏之员，熟察外间果否实力奉行，或简员勘验，或因参议，且责成原奏之员，随时纠劾，量加甄叙，以旌诺言。则封事皆非传播空文，可以收实效也。"②在实际的治国理政、改造社会的过程中，会遇见各种各样的问题。推行国家政策，须综合考虑中央、地方各方面的利益，权衡再三后出台政策。知识分子没有实务经验，往往以为一声令下，就可顺利执行了，其实改造社会困难重重。在论政策略上，何永生总结章氏主张"学者论政应该秉持立诚为公的价值向度、执两用中的理性界度，把握问题意识与系统设计的契合度、批判性与建设性的平准度，注意社情观察与学理考察相济以益于拓展的深度、广度。不仅如此，还应在论政的时机把控、问题选择等技术性方面作如何增加可接受度的考量。章氏所为对执政者该如何对待学者建言也应该有所启发"，这些"堪称学者政论之典范"。③

① 《章学诚遗书》卷二九《上尹楚珍阁学书》，第331页。

② 《章学诚遗书》卷二九《上执政论时务书》，第329页。

③ 何永生：《章学诚"时务六书"给学者论政的启示》，《湖北社会科学》2017年第12期。

　　由此可见，章学诚虽身处江湖之远，但仍积极献策，其中有国家治理建议，也有文化生产的创新性建议。章学诚是一个非常务实的学者，明白学者的能量有限，擅于抓住机遇，通过地方大吏来实现自己的主张，譬如影响朱筠上言修撰《四库全书》，以及向尹、曹、王等大员上"时务六书"，等等。又比如他创造性地提出修撰《史籍考》的建议，借地方大吏的力量付诸实践。

一、要引史入志

2024 年是梁启超正式倡立"方志学"一百周年。章学诚研究方志学理论，有着非常强的社会文化建设目的，并不是"为求是而求是"的书斋式学术研究。"夫作史而不论前史之是非得失，何由见其折中考定之所从"①，可见章学诚有着强烈的学术志向、批评意识。他是从清理前人过失的角度来研究方志的，其终极目标是建立新的方志学理论，推动方志理论与编纂实践的发展。这点对我们今天的方志事业有着极大的启发意义：我们不能陷入空谈，而要运用批判眼光，研究当代方志编纂中存在的问题，从而思考方志编纂理论如何进一步完善。笔者认为，开展章学诚学术纪念活动，应是推动当代史学理论、方志学理论建设的良好契机。"考古即以征今"，学术研究只有将古今结

---

① 《文史通义新编新注》外篇六《〈湖北通志·前志〉传序》，第1031页。

合起来，才有生命力，才有力量。

新编方志如何改革？笔者认为要重点加强人文内容的记录。当我们谈论方志时，应当把重点放在方志如何较全面地记录地方上。此外，方志记录的面十分广，历史性不强，它的本质是一种记录模式或形式。形式总是要适应一定的时代背景，时代不同，要求不同。方志是农耕时代的产物，在电子化时代，仍用传统模式编纂方志就是有问题的了。技术进步了，记录地方的手段也应该及时更新。可以在技术上改进，在形式上改进，在内容上改进，在视野上改进。比如从技术上说，除纸质文本外，还可以提供电子文本，下一步，可以建设网上方志库。又比如，旧时方志主要是地方政府之史，现在可以从民间历史、社会历史角度，从国家与社会的角度来看待地方历史。从内容上说，方志可以往历史的方向撰写，增加历史信息量。现在的村志，分类纪事是对的，但纪事主要是概述内容。如提及某人，只写一个名字，不介绍细节。要解决这个问题，就必须引入史的要求，有过程有细节，有人物介绍，如此才是翔实的。如此种种，都显示出方志修撰还存在不少可改进之处，新时代方志编修工作应该与时俱进，紧贴时代，才能创作出正确反映时代的作品。

方志编纂历史化是方志续修的要求。章学诚修志思想要点之一，是提倡续修，适当重修，反对版本升级式的改修。"志当续修，不当迭改。"续修时间，"远者不过百年，近者不过三数十年"。他尤其提倡三十年一修，因三十年为一代，"可以补辑遗文，搜罗掌故"。续修可以记录丰富的地方发展历程。从续修角度来看，必须强调方志编纂的历史写法。

二、村村宜修志

浙江是方志之乡，走在全国前沿，某些好的做法延续至今。如江山白沙村的村志，自20世纪80年代末以来已经三修。2004年，《白沙村志》曾受到时任浙江省委书记习近平的高度肯定。2024年，建立了白沙村志文化馆。同年10月10日，由中国地方志工作办公室、浙江省社会科学院主办，浙江省人民政府地方志办公室、江山市委市政府承办的方志文化村建设现场会在江山举行。

"村有村志"是县（区）乡村振兴战略中"文化引领工程"的一项重要构成。为什么要村村修志？村村修志是大型的基层历史文化建设工程，而基层文化建设资料少，编修人才少，而且面临着村村都是首创，观念普遍落后的窘境。其难度之大，可想而知。文化是人类更高层次的需求，没有文化需求意识，就会缺乏志向，缺乏行动，很难做好基层历史文化建设。村史志的设计，要坚持以人为中心与以组织为中心双重结合的原则。以人为起点，相关组织辅助，如家族、小组或自然村、行政村。村志编修过程要让群众参与，这不是个人的闭门书斋活动，而是一种宣传教育。通过宣传教育，可以提高国民文化素养。村志编修中的中期产品，要不断刊登，扩大影响，引发讨论。在传播的过程中，及时发现问题，随时处理，便能减少或避免后续出现问题。

三、村村宜修谱

章学诚提倡谱牒入志，要求设立氏族表。不过，他所谓的氏族，实际是士族或望族，所以氏族表有时又称士族表或望族表。今日，应改变此类观念，扩大范围，成全村各姓共同的族表或族系图，可称为村谱。

为什么要提倡修村谱？传统中国通过宗族对村民实现间接管理。新中国成立后，国家建立镇、村，村民以基层自治组织进行自我管理，可修村志与村谱。村谱是村志的配套工程，可成为村志的一部分，也可独立成册。通过村谱，把同一地区的不同支系合起来，就成宗谱了。

村谱是适应现代社会的家庭文脉建构活动。发掘家族往事，建立家族文脉，是当下文化建设工程的内容。现代的宗谱，除了传统的一姓之谱，也有以村为单位的百姓联合家谱。

村谱是当代家谱编修的创新所在，将开创一种新的家谱编修模式——以行政村为单位，而不再以族为单位。村谱囊括的姓氏数量不少，可以实现家家有谱与村村修志的配套。不同于编纂一姓之谱，村谱编修时可发动村委会主任等人员的积极性。他们一直负责辖区内事，熟悉人员情况。同时，他们有责任心，具有权威性，可以顺利推动工作。

村中可保留几套村谱，再由各姓自行收藏几套自己的小谱。规模小的姓氏若有篇幅需求，可配照片，增加大量的人物传，加强家风家训的提炼，使之成为家族史。今时不同于往日，古人木刻图画，费时费力，现代人可轻松添加大量照片，何乐而不为？需要确立明确的村谱编修传统，以便于大规模普及操作。

根据欧苏精神将世系的起点"断自可知之世"，是值得肯定的。但今日一些修谱人员，过分关注姓氏源头，有时甚至为源头问题争得耳红面赤。面对此类情况，笔者认为，不必太纠结于源头。古代的姓氏源头，若没有文献记录或文献记录混乱，是很难梳理清楚的。关注重点应当放在当代，由今溯古，将当代各姓的上下几代梳理清楚。若是能顺利对接以往世系，自然最理想。若是一时间无法对接，则可以暂时搁置。否则，过于执着于源头，易模糊修谱重点，浪费时间和精力。

一、身后逐步扩大的声名

学界的传统看法认为，是由于内藤湖南的《章实斋先生年谱》及其一系列推介行为，中国学者才开始逐渐关注章学诚。这种说法有些倒果为因。事实上，章学诚并非一直籍籍无名，中国学者对他的关注一直在不断上升。①

章学诚生前的交际圈中不乏学术名流、封疆大吏，除了冯廷丞、朱珪、王杰、谢启昆等人，还有以学术见长的朱筠、毕沅、梁国治、沈业富等人。他们都对章学诚赞赏有加，并且都在学术和生活上给予过章学诚或多或少的帮助。这个圈子虽然只能算作一个小的学术圈，但仍旧反映出当时学人对章学诚并非毫无关注。阮元在《两浙辎轩续录传》中收入了章学诚传记，

---

① 参见钱茂伟：《晚清民初章学诚作品传播与接受研究》，载汪俊昌主编：《思想之光：明清越地名人学术思想研讨会文集》，中国社会科学出版社2022年版。

共一百五十字，是最早的章氏小传。

王宗炎曾评价章学诚为"地产霸材，天挺史识"①，认为他从朱筠学古文，文章沉雄醇茂，水平"过于其师"，与南宋郑樵不分伯仲，可谓推崇备至。弟子朱锡庚在《章学诚遗书》第三册跋中赞章学诚长于史学，为"乾隆年间一代通人"②。所谓通人，即学识渊博、通达古今之人，这评价不可谓不高。在《与章杼思贻选书》中，朱锡庚赞《文史通义》"合经史为一"，解决了汉唐以降的经史之分，推章学诚的学说为乾隆年间三大绝学之一。③

沈赤然、吴兰庭等人也曾表现出对章学诚的推崇。沈赤然常与章学诚切磋学识，赞章氏为"汉唐以来未有窥此秘者，足使大师结舌，经生失步"④，认为章学诚的卓见可补前人史家如刘知几等人之缺。此外，许多晚清时期著名人物，如曾国藩、孙宝瑄、文廷式、缪荃孙、朱一新、张之洞、皮锡瑞、康有为、章太炎等，都对章学诚的思想做出过分析与评价。⑤由此可见，章学诚去世后，他的学说在官方国史馆和学术圈都得到了认可

---

① 参见《章学诚遗书》附录《两浙辀轩录补遗》。

② 参见朱锡庚：《章学诚遗书》第三册跋，转引自戚学民：《清廷国史〈章学诚传〉的编纂：章氏学说实际境遇之补证》。

③ 朱锡庚：《朱少河先生杂著·与章杼思贻选书》，稿本，国家图书馆藏。

④ 参见沈赤然：《寒夜笔谈》卷三《与章实斋书》，《又满楼丛书》，扬州广陵古籍刻印社1986年版。

⑤ 参见薛艳伟：《论章学诚的方志学说在晚清之回响》，《中国地方志》2017年第7期；钱茂伟：《晚清民初章学诚作品传播与接受研究》。

与重视。

国史留名。嘉庆年间，《儒林传》《文苑传》等列传的修撰工作大规模开展，在阮元参与编撰的《儒林传稿·邵晋涵传》中，第一次出现了关于章学诚的记载。阮元担任浙江学政前，就注意到了章学诚，称章学诚"所学与吾辈绝异"，是"一时之奇士"。他的主要学术观点被称为"浙东学术"。

二、为晚清学者开拓心胸

（一）立为正传

光绪七年至光绪十四年（1881—1888）间，缪荃孙将章学诚列入《文苑传》第四稿正传。《章学诚传》虽仅四百余字，但内容详实，精练地说明了章学诚的出身情况、人际关系、学术渊源、学术观点、主要成就，还对章氏的著作情况做了大致介绍和评价。从此，章氏的正传地位在国史中得到确立，奠定了章氏记载的基本格局，且20世纪以来的研究与其记载的观点基本相合。此外，有一些学人为章学诚作传，如杭州谭献作《文林郎国子监典籍会稽实斋章公传》、钱塘人吴士鉴作章学诚传等。

（二）进入学术圈

章学诚生前曾言："尝谓百年而后，有能许《通义》文辞与

老杜歌诗同其沉郁，是仆身后之桓谭也。"①道光十二年（1832）
"大梁本"《文史通义》刊刻通行后，学界对章学诚的认识逐渐
不再限于小规模圈子。随着粤雅堂本、浙江书局本、贵阳本等
各种版本的相继出版，章学诚的知名度不断上升。到了光绪时
期，平步青、萧穆等人对章学诚皆有较深的研究。

光绪六年（1880），平步青在给章学诚曾孙章小同的信中写
道，章学诚的学术看似源自邵廷采，实际上是延续了刘向、刘
歆父子的校雠传统。平氏将章学诚抬到了与刘知几、郑樵相同
的高度。平氏还梳理了浙东学术的发展脉络，认为章学诚实为
清代浙东学术第一人。

萧穆对《文史通义》《文集》《湖北通志》等章氏著作都有
很高评价，认为章氏思想体大思精，远过刘知几。《文集》体现
出章学诚高超的古文功底与文学理论水平，为朱彝尊、姜宸英
等浙东学人所不及。《湖北通志》虽然未能刊刻，但其中所纂各
类及其序例均超越前人。萧穆等人因与章学诚族人章善庆等交
往，知晓一些外人所不知的章学诚家族事迹，因此，他们所作
的章学诚传记也成为研究章氏的重要资料。

章氏方志学理论也在晚清得到了广泛传播，晚清方志学家
已经将章学诚奉为方志学权威。②

---

① 《文史通义新编新注》外篇三《又与朱少白》，第775页。

② 薛艳伟：《论章学诚的方志学说在晚清之回响》。

三、乾嘉后思想解放源泉

（一）国史终稿

1915 年，缪荃孙再度负责《文苑传》总辑，形成《文苑传》第六稿。在金梁修改版的《清史稿·文苑传·章学诚传》中，有"从山阴刘文蔚、童钰游"之语，余英时在《论戴震与章学诚：清代中期学术思想史研究》中对此进行了仔细考证，认为系误植《邵晋涵传》内容而来。

（二）章学诚热

1920 年，内藤湖南出版《章实斋先生年谱》，标志着章学诚现代专题学术研究的开始。胡适受其启发，于 1922 年出版篇幅多了几十倍的《章实斋先生年谱》，此书不仅是胡适对章学诚的全面研究，还在年谱类著作的体例上有重大创新。后人又有续作。1975 年，香港崇文书店编印《章实斋先生年谱汇编》一书，整合收录了胡适、姚名达、孙次舟、吴孝琳等关于章学诚及其学术成就的著作。

梁启超在《清代学术概论》《中国历史研究法》等书中对章学诚推崇备至，将章学诚列为中国古代三大史学家之一，称"自有刘知几、郑樵、章学诚，然后中国始有史学矣"。《文史通义》"实为乾嘉以后思想解放之源泉"，"为晚清学者开拓心胸，非直史学之杰而已"。①此外，梁启超对章学诚的方志学说评价很高，1924 年他在《清代学者整理旧学之总成绩——方志学》一文中提出"方志学"这一概念，并称"'方志学'之成立，实自实斋始也"，将章学诚尊为"方志之圣"②。

胡适、梁启超等人对章学诚的推崇，以及因此引发的学术讨论，在当时大大提高了中国学者对章学诚的认识，使学界愈发重视章学诚研究。民国时期，章学诚专题研究也有了较大的发展，有大量的文章发表。绍兴人陶存煦（1913—1933）是无锡国学专科学校第八期毕业生，从钱基博受学。1931 年，从浙籍学者陈训慈文章《浙东史学管窥》获得启发，将章学诚学说乃至"浙东学术"的渊源上溯至南宋时期的浙东事功学派："实斋之学，其要在即器以见道，道不离于事；明文通于史，史将以经世。道不离事，永嘉学术也；史以经世，浙东史学也。"③他提出了"章学"概念，成《章学诚学案》，一部总计五六十万字的巨著，意图全面讨论章学诚的学术思想。该书分为内、外两篇，内篇分为章学证因、章学探源、章学诚别传、章学诚著述考、章学诚道学、章学诚志谱学、章学诚校雠学、章学诚史学八篇，外篇分为章学影响、章学诚评议两篇。④一个二十岁的

---

① 梁启超：《清代学术概论》，中华书局 1989 年版，第 50 页。

② 梁启超：《中国近三百年学术史》，东方出版社 1996 年版，第 330—334 页。

③ 参见陶存煦：《陶存煦日记》，刘桂秋、刘国芹整理，凤凰出版社 2022 年版。

④ 陶存煦：《章学诚学案》，《国专月刊》1937 年第 5 卷第 2 期；陶存煦：《章学诚学案》，《国专月刊》1937 年第 5 卷第 5 期。

年轻人能写出这样一本书，确实了不起。然而，这本专书前人几乎没有关注。

四、引导传统史学走向现代

新中国成立后，学界对章学诚的关注不断增长。截至2024年2月8日，以"章学诚"为关键词，在中国知网上可以检索到一千四百一十七篇文章，篇名中直接出现"章学诚"的有八百二十二篇文章。进入21世纪后，章学诚研究相关论文数翻倍，每年最少也有二三十篇相关论文发表，多时一年便有六七十篇。学科涉及史学、文学、哲学等，甚至不乏有政治学、新闻与传媒学、教育学等学科，章氏学术的价值得到充分关注。

主要作品有吴天任《章实斋的史学》、仓修良与叶建华的《章学诚评传》、余英时《论戴震与章学诚：清代中期学术思想史研究》、朱敬武《章学诚的历史文化哲学》、张凤兰《章学诚的史学理论与方法》、范耕研《章实斋先生年谱》、倪德卫《章学诚的生平及其思想》、戴密微《章学诚和他的历史学说》、中国历史文献研究会《章学诚国际学术研讨会论文集》、陈仕华主编《章学诚研究论丛：第四届中国文献学学术研讨会论文集》、罗炳良《传统史学理论的终结与嬗变——章学诚史学的理论价值》、宋天瀚《论章学诚的方志理论与方志学》、山口久和《章学诚的知识论——以考证学批判为中心》、鲍永军《史学大师：章学诚传》、赖哲信《章学诚经世思想研究》、杨志远《章学诚史学思想探微》、刘延苗《章学诚史学哲学研究》、罗炳良《章实斋与邵二云》、周建刚《章学诚的历史哲学与文本诠释思想》、刘雄伟《章学诚"六经皆史"研究》、潘捷军主编《章学诚研究概览——章学诚诞辰 280 周年纪念文集》、周建刚《章学诚与清代中期的思想史变迁》、章益国《道公学私：章学诚思想研究》、王园园《章学诚著述稿钞本研究》等。

通过对章学诚遗著及其学术思想传播过程的勾勒，可以看出，随着时间的推移，这位不被时人所识的史学奇才逐渐得到了学界重视。黄兆强的《章学诚研究述评（1920—1985）》梳理了六十五年的章氏研究历程及成绩。笔者《浙东史学研究述评》之章学诚史学研究述评部分，也有涉及相关内容。潘捷军主编《章学诚研究概览——章学诚诞辰 280 周年纪念文集》附录的论著索引，可见百年章学诚研究的主要成果。经过众多学者的努力，章学诚的思想价值终于凸显出来，在两百多年的时间里，章学诚的学术思想影响了众多文史大家，对浙东学术，甚至中国史学界都产生了深远的影响。

参考文献

一、论著

〔唐〕刘知几：《史通通释》，〔清〕浦起龙通释，王煦华整理，上海古籍出版社 2009 年版。

〔明〕李贽：《焚书　续焚书》，中华书局 1975 年版。

〔清〕汪辉祖：《梦痕录余》，道光三十年刻本。

〔清〕姚鼐：《惜抱轩文集》，嘉庆三年刻本，增修本。

〔清〕朱锡庚：《朱少河先生杂著》，稿本，国家图书馆藏。

〔清〕章学诚：《文史通义新编新注》，仓修良编，商务印书馆 2017 年版。

〔清〕章学诚：《章学诚遗书》，文物出版社 1985 年版。

〔清〕章学诚：《文史通义校注》，叶瑛校注，中华书局 1985 年版。

〔清〕吴庆坻：《蕉廊脞录》，张文其、刘德麟点校，中华书局 1990 年版。

〔清〕汪辉祖：《汪辉祖集》，浙江古籍出版社 2021 年版。

〔清〕李慈铭：《越缦堂日记》，广陵书社 2004 年版。

〔清〕戴震：《孟子字义疏证》，何文光整理，中华书局

1982年版。

〔清〕戴震：《戴震集》，汤志钧校点，上海古籍出版社1980年版。

《清代诗文集汇编》编纂委员会编：《清代诗文集汇编》，上海古籍出版社2010年版。

〔清〕素尔纳等编：《钦定学政全书》，载《近代中国史料丛刊》初编第30辑第293册，文海出版社1968年版。

〔清〕赵尔巽等：《清史稿》，中华书局1977年版。

〔清〕章学诚：《乙卯札记　丙辰札记　知非日札》，冯惠民点校，中华书局1986年版。

〔清〕王夫之：《读通鉴论》，舒士彦点校，中华书局2013年版。

〔清〕沈赤然：《寒夜笔谈》，《又满楼丛书》，扬州广陵古籍刻印社1986年版。

陶存煦：《陶存煦日记》，刘桂秋、刘国芹整理，凤凰出版社2022年版。

〔德〕黑格尔：《美学》第一卷，朱光潜译，商务印书馆1981年版。

梁启超：《清代学术概论》，中华书局1989年版。

仓修良、叶建华：《章学诚评传》，南京大学出版社1996年版。

陈东原：《中国妇女生活史》，商务印书馆1998年版。

钱茂伟：《姚江书院派研究》，中国社会科学出版社、文化艺术出版社 2005 年版。

梁启超：《中国近三百年学术史》，商务印书馆 2011 年版。

余英时：《论戴震与章学诚：清代中期学术思想史研究》，生活·读书·新知三联书店 2012 年版。

二、论文

陶存煦：《章学诚道学及史学》，《国专月刊》1937 年第 4 卷第 5 期。

陶存煦：《章学诚学案》，《国专月刊》1937 年第 5 卷第 2 期。

陶存煦：《章学诚学案》，《国专月刊》1937 年第 5 卷第 5 期。

陈鹏鸣：《章学诚教育思想简论》，《浙江学刊》1993 年第 1 期。

吴根友：《戴震哲学"道论"发微——兼评村濑浴也〈戴震的哲学——唯物主义和道德价值〉》，《中国哲学史》2003 年第 1 期。

徐适端：《也谈章学诚的妇女观》，《史学史研究》2005 年第 2 期。

欧阳祯人：《戴震：中国文化现代转型的先行者》，《光明日报》2007 年 2 月 16 日。

杨念群：《章学诚的"经世"观与清初"大一统"意识形态的建构》，《社会学研究》2008 年第 5 期。

黄晓丹：《清中期女性的群体危机与解救之道——章学诚的女性传记、女性观和女性史》，《烟台大学学报（哲学社会科学版）》2013年第4期。

李长春：《章学诚的历史形上学论析》，《中国哲学史》2016年第4期。

陈春声：《新一代史学家应更关注"出思想"》，《史学月刊》2016年第6期。

〔美〕曼素恩：《章学诚的〈妇学〉：中国女性文化史的开篇之作》，载伊沛霞、姚平主编：《当代西方汉学研究集萃·妇女史卷》，上海古籍出版社2012年版。

薛艳伟：《论章学诚的方志学说在晚清之回响》，《中国地方志》2017年第7期。

何永生：《章学诚"时务六书"给学者论政的启示》，《湖北社会科学》2017年第12期。

盛珂：《经学与理学之间的戴震》，《哲学研究》2018年第8期。

王锐：《民国学术史的"类型学"分析——〈鲁迅与顾颉刚〉述评》，《南方文坛》2019年第2期。

瞿林东：《论"通史家风"旨在于"通"》，《史学月刊》2020年第7期。

李振宏：《通史·通识·整体性：当下史学需要通识性眼光》，《史学月刊》2020年第7期。

李国强：《探寻历史规律求解时代之问》，《光明日报》2021

年1月27日。

张蕴艳：《从章学诚〈文史通义〉的整全性与精神性看近现代中国文论的源流》，《学术月刊》2022年第4期。

钱茂伟：《晚清民初章学诚作品传播与接受研究》，载汪俊昌主编：《思想之光：明清越地名人学术思想研讨会文集》，中国社会科学出版社2022年版。

李长春：《章学诚历史哲学中的知识问题》，《哲学研究》2022年第7期。

李金华：《章学诚与〈史籍考〉编纂新论》，《南开学报（哲学社会科学版）》2023年第4期。

潘志勇：《章学诚写作思想研究》，湖南师范大学硕士学位论文，2014年。

陈磊：《论民国时期的章学诚研究》，武汉大学博士论文，2015年。

戚学民：《清廷国史〈章学诚传〉的编纂：章氏学说实际境遇之补证》，《社会科学研究》2016年第2期。

叶曼雨：《章学诚课蒙论初探》，上海师范大学硕士学位论文，2018年。

冯少斌：《由心学向史学转向的完成者：章学诚在明清浙东学术史的定位》，华中师范大学博士学位论文，2020年。

张慧芳：《章学诚文学思想研究》，青岛大学硕士学位论文，2023年。

后　记

　　章学诚史学理论研究是导师仓修良先生的拿手项目。同门叶建华、鲍永军均写过章学诚传记。对此类热点人物，我一直采取回避态度，因为新手难出好的成果。不过，外在的因素逐步引导我涉足此领域。1997年，撰写吴光主持的"浙江文化史话丛书"之《浙东学术史话》，稍涉章学诚研究，形成初步的想法。2003年，成《以史入志：章学诚方志学核心理念的再认识》，2004年发表在《中国地方志》。2008年，写作《浙东史学研究述评》时，曾对章氏史学研究动态有所梳理。2010年，应中州古籍出版社之约，为《文史通义》一书做一个选注本。于是，仔细阅读了主要篇章。2015年，读黄兆强《章学诚研究述评（1920—1985）》，对章氏研究现状有了进一步的了解。承担多卷本《浙东学术史》，又写了《章学诚学术》。2019年，应吴光之约，参与《浙学与治国理政》一书撰写，接受了章学诚一章的撰写任务。于是，再度阅读《文史通义》及《章学诚遗书》两书，对章氏有了全方位的了解，写了两篇论文。随着时间的推移，笔者的学术积累增加了，关注到了治理思想、科举史、公众史学等诸多全新的领域，这让我的眼光不同了，再来阅读章氏作品，便有了全新的认知，产生不少独到的见解。2023年

12月，编纂《开卷有益·章学诚著作选读》，因为要取其精华，所以第三次阅读了《文史通义》及《章学诚遗书》。2024年1月，参与吴光主持的浙江文化研究工程重大项目"浙学大家"丛书，承担章学诚卷的写作，于是第四次阅读了《文史通义》及《章学诚遗书》，摘录精华，形成提纲与长编。交给吴光审核时，得到肯定："本提纲富有特色，雅俗共赏，基本可行。"交给同门叶建华审读，也说"粗略一看，耳目一新"。于是，进入写作阶段，注重写作的通俗性。希望用新手的眼光来写作，同时也可给新手一个练笔机会，于是让研究生蒋必成根据提纲与长编起草初稿。科研做大以后，进行组织管理，引导年轻人参与做一些辅助性工作，可提升做事效率。他参考仓修良与叶建华《章学诚评传》、鲍永军《史学大师——章学诚传》及我选编的《文史通义》，编纂初稿。我自己则做专题研究，第五次阅读《文史通义》及《章学诚遗书》，因有生活世界与文本世界二分理论作指导，发现了章学诚学术的精妙之处，于是写成论文《章学诚：至高的学术世界》（后改成《章学诚史学的现代性》），对章氏的学术体系有了全方位的理解。随着视野的扩展，体会到了什么叫"书越读越薄"。适逢浙江省文史馆要求给每本书加一个主标题，本书便径直命名为《至高世界：章学诚》，中途主标题改为"学术经世"，最后定为"六经皆史"。年后，另一篇《章学诚研究的启迪》也完成。至3月12日，蒋必成按计划提交初稿。我在此基础上进一步思考，反复修订。3月22日，完成了初稿的修订，将目录提交给同门叶建华看，他说"内容丰满，标题新鲜"。根据他的建议，补写了文学与教育二节。结合公众史学，写了章学诚的当代历史记录与实践一节，这是一大突破，是此前研究所没有涉及的。为凸显章氏思想在当代浙学与治国理政等方面的应用价值，结合近年强调历史经验研究的主张，作了较大篇幅的延伸思考。这是一种尝试，进行纯学术研究的专家一时可能接受不了。

在研究过程中，不断地与相关朋友讨论，获得了他们的帮助。如与吴宣德教授讨论章氏父子科举之事，他提供了《乾隆七年登科录》的章镳记录，获得了章镳入籍大兴的详情；又提供了《章节母徐宣人传》，知道了章铨、章匡义二代的详细情况。笔者注意到没有关于章学诚生员考试的时间与地点的记录，怀疑乾隆二十五年（1760）他参与的应是顺天院试。师弟鲍永军坚持认为是乡试，且给出了章氏原话。于是，与闽江学院毛晓阳教授反复讨论，他提出了一种可能：章学诚或许并未考过生员，而是直接捐为例监生，凭借监生的身份参加顺天乡试。这在清代属于正常现象。经反复思考，最终认可了这种说法，确定章氏的身份是监生。乾隆二十七年冬入国子监，开始正式坐监。这样，解决了一个长期不为人关注的小问题。通过阅读《上慕堂光禄书》，关注到了前人不曾留意的购城南房产之事，进而猜测章学诚晚年并非回归幼时的居处。3月25日，通过浙江省方志办副主任章其祥联系上道墟的章氏族史研究者章建兴。聊及章学诚故居问题时，他提醒我，章镳所居在会稽县界，章学诚所居在山阴县界，仅一条马路之隔。这就验证了我的假设，章学诚晚年所居非父亲所居。最终也能回答城南房产的去向问题，应是中途出售了。虽没有明确的文献记录，但这样推理应该不会太离谱。与章其祥、章建兴聊及了章学诚的后裔问题，结合光绪《偁山章氏家乘》，对此有了清晰的了解。最后联系上章大国先生，了解了仓修良确定章学诚后裔的依据。又通过任桂全先生，了解了章学诚故居确定的依据。没有问题意识，不会假设，不会追问，不会求证，就不会有现代学术研究。这些小问题的破解，正是这么来的。

笔者的做事经验是，趁热打铁，先急后慢，由易而难，日积月累，精益求精。浙江省文史馆要求4月底交稿，我们则在3月底就完稿了。这样的好处是有一个从容的修订时间。此后两月，不断作一些小修订。至5月17日，提交初稿。6月3日，提交了二次修订稿。6月6日，根据浙江省文史馆会议精神，改为章节体，删减了家史部分，形成定稿。10月14日，浙江省文史馆又传来浙江省社科联汇总的三位评审专家意见，据此作了进一步的修订，终成定稿。

理想是美好的，现实是骨感的。笔者事前提出了图文并茂的设想，但实际操作下来，发现根本找不到理想的照片，只能达到最低的配图要求。最后又因丛书体例要求而删除了插图。

这本小书的字数虽限制在16万字以内，但确实体现了笔者对章学诚的一些全新理解，相信多少可以推进章学诚研究。这是一部给领导干部及普通群众阅读的普及性读本，尽量用通俗

的语言表达出来。学术创新性与通俗普及性结合，学术研究与
当代启迪结合，希望让读者满意。

钱茂伟于宁波大学

2025 年 3 月 26 日